손자병법에서 배우는

100세까지 즐기는
골프의 기본

| 유응열 지음 |

가림출판사

책머리에

　이 책은 골프 기술 쪽에 치우친 내용이 아닌 골프 인생사를 경제·경영에 대비하면서 누구나 편하고 즐겁게 읽을 수 있는 원 팁을 주는 내용으로 구성하였다.

　오랜 기간 방송과 매체를 통해 미처 전해 드리지 못했던 내용들, 특히 기술 외적인 요인을 잘 관리하여 자신의 목표를 달성해 나가는 방법을 전해 드리겠다는 마음은 항상 지니고 있던 터였다.

　선배님들은 '골프란 인생과 같다. 18홀 한 라운드를 하다보면 희노애락, 흥망성쇠가 있고, 대인관계의 철학이 있고, 자신의 처세가 있다'고 했다. 바로 여기에 얼핏 떠오르는 문구 '지피지기는 백전백승이다'라는 말 하나에 감히 손자병법을 접목시키기로 하였다. 정비석 님의 소설 《손자병법》은 알기 쉽게 풀이되어 골프에 꼭 필요한 지식인 도道, 천天, 지地, 장將이 가져야 할 지智, 인仁, 용勇, 신信, 엄嚴이 있고, 지피지기가 있어 경영에 관한 전술과 전략 등이 18홀을 플레이하며, 여기에 더하여 자신의 인생 골프를 즐기며 목표를 이루기 위해 알아야 할 것들로 알차게 구성되었다. 감히 조금 안다고 골프 기술을 금과옥조에 빗대어 풀어나간 것이 몹시 부끄럽긴 하지만 이 정도면 골프를 멋지게 즐길 수 있지 않을까 생각한다.

'기술(20%) × 체력(20%) × 정신력(30%) × 심리(30%) = 골프'라는 공식이 성립된다. 드라이버 거리가 안 나느니 퍼팅이 안 된다느니 하는 것들도 다 알고 보면 정신력과 심리에 의해 조종되는 것이다. 바로 이 점이 기술보다 경기 외적인 면이 더 중요하다고 할 수 있는 부분이다.

18홀 동안 자신의 목표를 이루려면 날씨를 알고, 골프장을 알고, 룰을 알고, 자신의 기술을 알고, 컨디션을 알고, 상대를 알고, 라운드의 성격을 알고, 공격과 수비를 알아야 한다.

여기 수록된 내용들은 골프를 하면서 자칫 간과하기 쉬운 것 위주로 일러스트와 함께 엮었다.

아무쪼록 골프를 사랑하는 모든 분들이 인생 100세 시대 골프로 건강을 유지하고 즐거움을 찾을 수 있도록 이 책이 부족하나마 도움이 되기를 바라는 마음이다.

유응열

Contents

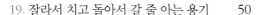

Golf

지피지기면 백전백승

知彼知己
百戰不殆
지피지기
백전불태

손자병법은 '싸워서 이기는 방법'을 가르쳐 주는 것이 아니라 '싸우지 않고도 이길 수 있는 방법'을 가르쳐주는 고전적인 철학서다.

이 손자병법의 지혜를 골프에 접목시켜 보다 편하게 골프를 익히고 즐길 수 있도록 도움을 드리고자 한다. '지피지기백전불태'라고 했다. 상대를 알고, 나를 알면 백 번을 싸워도 위태롭지 않다는 이 말은 골프에서도 마찬가지다.

골퍼들이 싸워야 하는 상대는 무엇일까? 바로 골프장이다. 한 라운드라는 대전쟁은 각 홀별 전투의 결과에 따라 승패가 정해진다. 그러므로 각 전투에 신경을 쓰는 것이 우선이다. 전투에 임하는 기본 자세는 '파(par)'를 정확하게 파악하고 대책을 세우는 것이다. 파4홀에서 파플레이를 하려면 티 샷과 세컨드 샷, 2퍼팅의 기본을 실행하면 된다. 하지만 골퍼들의 상대인 골프 코스는 여러 가지 장애물을 통과해 화살을 쏘고 수류탄을 날린다. 때문에 장애물을 정확하게 파악하는 것이 상대를 아는 것, 즉 '지피'다. 티잉 그라운드에서 어떤 방향을 잡아야 하는지, 거리는 얼마나 내야 하는지, 좌우측에 OB구역이 있는지, 로스트 볼의 확률이 있는 산이 옆에 버티고 서 있지는 않은지,

'지피지기백전불태' 라고 했다. 상대를 알고, 나를 알면
백 번을 싸워도 위태롭지 않다는 이 말은 골프에서도 마찬가지다.

어프로치 할 때 그린 어디쯤 볼을 떨어뜨려야 하는지, 홀을 어떻게 공략해야
보다 쉽게 퍼트를 할 수 있는지 등이 상대인 골프장을 알기 위해 파악해야만
할 것들이다. 다음 자신을 아는 것, '지기'는 각 클럽별 거리를 정확하게 파
악하는 것이 우선이다. 드라이버의 거리를 파악하는 것도 중요하다. 대부분
의 골퍼들은 가장 잘 맞을 때의 거리를 생각하지만 평균 거리가 더 중요하
다. 보통 9번 아이언 거리를 배로 하면 자신의
드라이버 샷 거리가 나온다. 9번 아이언으로
120야드를 날리는 골퍼라면 드라이버 거리는 무
한대가 아니라 240야드 정도라는 말이다.

　각 아이언으로도 클럽별로 몇 야드씩 차이가
나는지 꼼꼼히 체크해 보는 것이 중요하다.

머리는 임금, 클럽헤드는 병사

왈(曰),
장능이군불어자승(將能而君不御者勝)이면서
병중숙강(兵衆孰强)이라

손자병법 「모공(謀攻)」편과 「시계(始計)」편에 각각 나오는 말이다. 먼저 「모공」편에 나오는 '장능이군불어자승' 이라는 말은 전쟁에서 승리하려면 유능한 장수에게 모든 권한을 줘야 한다는 뜻이다.

임금은 전쟁에 대한 전문가가 아니므로 진군과 후퇴를 결정할 수 없을 뿐 아니라 전쟁에 나가 있는 장수에게 간섭을 하면 백전백패가 된다.

「시계」편에 나오는 '병중숙강' 은 병사의 수와 무기의 강력함을 갖춰야 한다는 뜻으로 병사들의 숙련도에 따라 전쟁의 승패가 갈릴 수 있다는 의미로 풀 수 있다.

드라이버를 잡고 기세 좋게 스윙을 하지만 볼이 좌우로 크게 휘어 큰 손해를 보는 경우가 종종 있다. 스윙 중에도 특히 다운스윙 때 머리가 좌우로 움직여 클럽헤드에 정확하게 볼이 임팩트 되지 않기도 하고 양손으로 그립을 꽉 쥐고 볼을 힘껏 때리다 보면 큰 미스 샷을 내기도 한다.

그러므로 스윙을 할 때 헤드 업을 하지 말고 머리를 좌우로 흔들지도 말아야 하며 양팔에 힘을 주지도 말아야 볼이 정확하게 헤드 페이스에 맞게 된다. 머리는 임금에 해당하고 어깨는 장수가 되며 양손은 졸장이 되고 클럽헤

「모공」편에 나오는 '장능이군불어자승'이라는 말은 전쟁에서 승리하려면 유능한 장수에게 모든 권한을 줘야 한다는 뜻이다. 「시계」편에 나오는 '병중숙강'은 병사의 수와 무기의 강력함을 갖춰야 한다는 뜻으로 병사들의 숙련도에 따라 전쟁의 승패가 갈릴 수 있다는 의미로 풀 수 있다.
볼을 쳐내는 것은 졸병, 즉 클럽헤드에 맡기도록 한다.
골퍼는 그저 휘두르기만 하면 되는 것이다.

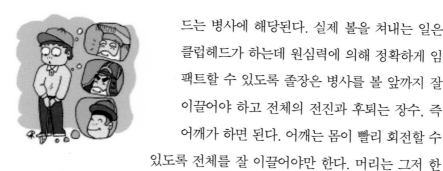

드는 병사에 해당된다. 실제 볼을 쳐내는 일은 클럽헤드가 하는데 원심력에 의해 정확하게 임팩트할 수 있도록 졸장은 병사를 볼 앞까지 잘 이끌어야 하고 전체의 전진과 후퇴는 장수, 즉 어깨가 하면 된다. 어깨는 몸이 빨리 회전할 수 있도록 전체를 잘 이끌어야만 한다. 머리는 그저 한 곳에 머물며 전쟁의 개시를 지시하기만 하면 된다. 임금(머리)이 개별 전투(각 부분 동작)를 일일이 간섭하다 보면 전쟁(스윙)을 망치게 된다.

볼을 쳐내는 것은 졸병, 즉 클럽헤드에 맡기자. 골퍼는 그저 휘두르기만 하면 되는 것이다.

코스 파악이 먼저 되어야

地者 遠近 險易

廣狹 生死也

지자 원근 험이

광협 생사야

손자병법에는 전쟁에 앞서 이해득실을 따질 때 고려해야 할 사항으로 5가지(道·天·地·將·法)를 말하고 있다. 이 중에서 쉽게 골프에 적용해볼 수 있는 것이 지(地), 즉 지형이다. 손자병법은 지(地)에 대해 거리의 멀고 가까움(遠近), 지세의 험하고 평탄함(險易), 지역의 넓고 좁음(廣狹), 지형의 유리함과 불리함(生死) 등이라고 설명한다.

이를 골프에 적용해보면 원근이란 티 박스의 위치라고 말할 수 있다.

제일 멀게는 블루 티잉 그라운드가 있고 보통 골퍼들이 쓰는 화이트 티잉 그라운드, 또 평균적으로 비거리가 부족한 여성 골퍼들을 위한 레드 티잉 그라운드가 있다. 자신의 실력에 따라 티잉 그라운드를 선택하는 것이 지리의 원근을 활용하는 방법이다. 프로 골퍼들이나 싱글 골퍼들이 사용하는 블루 티잉 그라운드의 경우 평지 코스라면 그린까지 약 380m쯤은 되고, 보통 골퍼들이 쓰는 화이트 티잉 그라운드는 330m쯤 되는데 세컨드 샷 지점은 서로 비슷한 140m 내외가 되게 마련이다.

험이(險易)는 장애물의 정도가 되겠다. 파4홀에 벙커가 많다거나 워터 해저드가 크게 놓여 있다면 거리는 좀 짧은 서비스 홀이 되기 십상이다. 산 위

손자병법에는 전쟁에 앞서 이해득실을 따질 때 고려해야 할 사항으로 5가지(道·天·地·將·法)를 말하고 있다. 이 중에서 쉽게 골프에 적용해 볼 수 있는 것이 지(地), 즉 지형이다. 손자병법은 지(地)에 대해 거리의 멀고 가까움(遠近), 지세의 험하고 평탄함(險易), 지역의 넓고 좁음(廣狹), 지형의 유리함과 불리함(生死) 등이라고 설명한다.

티잉 그라운드에 섰을 때 이런 지형의 요소를 판단해 공략법을 구상하는 것이 매 홀 '파'를 할 수 있는 손자병법이다.

쪽에 있는 골프장은 한쪽이 경사가 져 있어 발끝 내리막 또는 오르막 등으로 난이도가 높은 샷을 하게 되므로 미스 샷이 빈발하게 된다. 경사가 심한 골프장의 그린은 세컨드 샷에 핀을 직접 공략하기 어렵기 때문에 그린 주변 쇼트 게임을 염두에 두고 플레이를 해야 한다. 험한 코스라면 나름대로 피하는 방법을 먼저 생각하고 플레이 해야 한다. 지형의 넓고 좁음 역시 골퍼들이 잘 파악해야 하는 부분이다. 방향성이 좋은 골퍼라면 지형의 광협과 관계없이 과감하게 공략해도 좋지만 정확도가 떨어진다면 드라이버 대신 3번 우드나 아이언을 잡는 식으로 조금이라도 더 정확도를 높이는 데 신경을 써야 한다. 지형의 유리함과 불리함은 자신이 어느 부분에 더 강한지를 파악해야 활용할 수 있는 지리적 요건이다. 정확도가 높다면 좁은 코스가 상대적으로 유리하고 단타자라면 긴 코스가 불리할 것이다.

티잉 그라운드에 섰을 때 이런 지형의 요소를 판단해 공략법을 구상하는 것이 매 홀 '파'를 할 수 있는 손자병법이다.

임팩트와 어드레스

是故 善戰者 基勢險 基節短
歲如彍弩 節如發機
시고 선전자 기세험 기절단
세여확노 절여발기

「병세(兵勢)」편에 나오는 말이다. 그 의미는 '싸움에 능숙한 자는 그 기세가 사나우며 행동거리와 속도는 짧고 맹렬하다. 기세는 시위를 당긴 활과 같아야 하며 속도는 화살을 발사하듯 순간적이어야 한다' 는 것이다.

골프 스윙에서의 이런 기세는 바로 임팩트 때 뿜어져나오게 된다. 사람들은 이 순간을 위해 수많은 시간 동안 연습을 하게 되지만 실제 그 근원이 어드레스에 있다는 사실은 쉽게 간과해버리고 만다.

'어드레스란 임팩트 순간의 재현' 이라는 골프 금언이 있다. 목표 방향을 향해 90도 각도로 정확히 스탠스를 잡아 정렬하면 일단 방향성은 확보하게 되는 만큼 어드레스는 중요한 것이다.

안정된 준비자세를 갖춘 다음 자신의 신체조건에 따라 충분한 백스윙을 하고 체중이동과 함께 클럽헤드의 원심력을 이용, 임팩트 순간 클럽헤드의 중심부(스위트 스팟)에 볼을 맞혀주면 필요한 거리를 만들 수 있다.

비거리는 클럽헤드의 회전속도에서 70%가 나오고 임팩트 때 우측에서 좌측으로 체중이 이동하면서 생기는 힘으로부터 30%가 더해지게 된다.

다운스윙을 천천히 시작해 임팩트 존에 진입할 때 이 원심력과 체중이 순

'싸움에 능숙한 자는 그 기세가 사나우며 행동거리와 속도는 짧고 맹렬하다.
기세는 시위를 당긴 활과 같아야 하며 속도는 화살을 발사하듯
순간적이어야 한다' 는 것이다.
골프 스윙에서의 이런 기세는 바로 임팩트 때 뿜어져나오게 된다.

간적으로 맹렬하게 발산돼야 최대의 거리를 얻을 수 있는 것이다. 이 순간의
임팩트 모션은 어드레스 때 양발에 거의 균등하게 있는 체중을 왼쪽이 밀려
나지 않도록 하면서 왼쪽으로 옮겨주며 양무릎이 서로 최대한 가까워지는
상태로, 이것이 임팩트를 위해 최대의 파워를 클럽헤드에 모아 보내주는 '세
여확노' 라 할 수 있다.

스윙은 세와 절이
적절히 융화돼야

5

激水之疾 至於漂石者 勢也
鷙鳥之疾 至於毁折者 節也
격수지질 지어표석자 세야
지조지질 지어훼절자 절야

세차게 흐르는 물은 큰 바위 덩어리도 뜨게 하여 굴려버릴 수 있으니 이것을 '세(勢)'라 한다. 또 사나운 새가 빠르게 날아올라 순발력과 기민한 동작으로 먹이를 움켜 채는 것을 '절(節)'이라고 한다.

골프 스윙은 '세'와 '절'이 적절히 융화된 형태라야 한다.

타이거 우즈의 스윙을 보자. 그는 당대의 최고수이며 최고의 스윙을 가진 골퍼다. 아무리 골프에 능통한 전문가라도 그를 단숨에 분석하고 평가할 수 있는 사람이 과연 몇이나 될까. 물론 우즈 본인은 매번 조금씩 다르게 느껴지는 스윙이 있겠지만 보는 이로서는 한결같이 짜릿한 전율을 느끼는 스윙이다.

어드레스에서 보여주는 편안함과 최고의 스윙이 곧 나올 것 같은 예감, 클럽이 백스윙 되는지 모를 정도의 조용한 스타트, 방향성을 견고하게 지키는 백스윙 톱의 동작 중에는 실제 옷 속에 감춰져 보이지 않는 허벅지, 엉덩이, 등과 배의 큰 근육, 양 어깨의 큰 꼬임 등이 단번에 볼을 향해 쏟아질 것 같은 큰 힘, 즉 '세'를 느끼게 한다. 이와 함께 0.5초 만에 클럽헤드가 볼에 도달하여 임팩트 때 1톤의 무게가 볼에 전달돼 순간 엄청난 거리를 만들어 내

세차게 흐르는 물은 큰 바위 덩어리도 뜨게 하여 굴려버릴 수 있으니 이것을 '세' 라 한다. 또 사나운 새가 빠르게 날아올라 순발력과 기민한 동작으로 먹이를 움켜 채는 것을 '절' 이라고 한다.
골프 스윙은 '세' 와 '절' 이 적절히 융화된 형태라야 한다.

는 순발력은 신기에 가까울 정도다.

우즈의 스윙에 비해 일반 골퍼들은 세와 절을 만들어 내지 못한다. 특히 백스윙을 크게 해야만 거리를 낼 수 있을 것 같은 생각 때문에 어드레스 때 공들여 만든 볼과 클럽간의 거리, 즉 정확한 임팩트를 할 수 있는 조건을 흩트려 버리는 것이 일반적인 실패 원인이다.

최대의 '세' 를 만들어 내려면 개개인의 한계 안에서 백스윙을 하는 것이 우선이나, 무조건 백스윙이 크다고 힘이 축적되는 것은 아니다. 볼을 제대로 볼 수 있을 정도의 스윙이 적당하다.

요즘 나오는 클럽의 성능을 십분 활용하려면 백스윙은 조금 줄이고 피니시는 최대한 하는 것이 바람직하다. 좀 모자란 듯한 백스윙을 한 뒤 빠르게 헤드를 회전하고 골프의 기본인 '히트 앤 푸시(Hit & push)' 즉 치고 난 뒤 목표 방향으로 클럽을 던져 주는 것이 보통 사람들이 할 수 있는 '세' 와 '절' 이다.

하프 펀치 샷 연습,
의욕 북돋워

6

孫子曰 昔之善戰者
先僞不可勝 以待敵之可勝
손자왈 석지선전자
선위불가승 이대적지가승

'옛날 전쟁을 잘하는 사람은 먼저 적이 아군을 이길 수 없도록 만들고 아군이 이길 수 있는 여건이 적진 속에 조성되기를 기다렸다' 는 뜻으로 「군형(軍形)」편에 기록된 구절이다.

적보다 전쟁터에 한 걸음 먼저 나아가 진지를 구축하고 상대가 나타나기를 기다려야 아군이 무리를 끼치지 않고 승리할 수 있다. 싸움이란 전쟁에 있어서 마지막 순간의 방도이며 가장 중요한 태세인 것이다.

세계적인 골퍼가 된 우리의 최경주 선수는 "상대가 지금 이 시간에도 연습을 한다고 생각하면 그대로 잠을 잘 수가 없었다"고 말한 적이 있다. 우리도 가끔은 연습도 하지 않고 '볼을 잘치는 방법이 없을까' 생각해 보지만 결국 세상에 그런 방법은 없다는 사실을 수없이 깨닫곤 한다. 머릿속으로 아무리 연습해봤자 실전에선 크게 도움이 되지 않는다는 것이다. 하지만 그나마 이미지 트레이닝조차 하지 않으면 결국 스코어는 더욱 후퇴하고 만다.

좋은 와인을 구별해 내려면 많이 마셔봐야 하듯 좋은 샷을 만들어 내려면 많은 연습이 필요하다. 연습에 대한 의욕이 떨어질 때는 하프 펀치 샷을 연습하는 것이 가장 좋다. 7번 아이언으로 백스윙 크기를 왼손이 오른쪽 어깨

세계적인 골퍼가 된 우리의 최경주 선수는 "상대가 지금 이 시간에도 연습을 한다고 생각하면 그대로 잠을 잘 수가 없었다"고 말한 적이 있다. 우리도 가끔은 연습도 하지 않고 '볼을 잘치는 방법이 없을까' 생각해 보지만 결국 세상에 그런 방법은 없다는 사실을 수없이 깨닫곤 한다.

정도 오도록 하면서 볼을 때린 뒤 팔로스루를 양손이 왼쪽 어깨에 멈출 정도에서 그치는 것이다. 이렇게 하면 헤드 무게를 느끼면서 임팩트를 할 수 있고 볼도 쉽게 맞출 수 있을 뿐 아니라 피니시가 자동으로 만들어지게 된다. 점점 기분도 좋아지고 연습하고 싶은 욕심이 생길 것이다.

작지만 절대로 무시할 수 없는 샷

用而示之不用
용이시지불용

「시계(始計)」편에 나오는 말로 전쟁에 대해 설명하는 것이다. 필요 있으면서도 필요성이 없는 것처럼 보인다 또는 군대를 운용하지 않는 것처럼 보인다는 의미로 해석된다. 골프에서는 쇼트 게임을 이렇게 말할 수 있다.

골프 경기라는 전쟁을 치르는 데 쇼트 게임은 엄청나게 중요하며 필요한 것이지만, 연습할 때는 그 필요성을 알지 못한다. 운용하지 않아도 되는 군대처럼 보인다. 골프라는 적은 손자병법 중 이 방법을 택해 골퍼들을 속이는 것이다. 100야드 이내에서 온그린 하는 확률이 떨어지면 그린 주변 어프로치로 1퍼팅 거리에 볼을 붙여야 한다. 어쩌다 드라이버가 잘 맞을 경우에는 80야드 이내에서도 세컨드 샷을 할 수 있다. 그러나 이 거리는 평소 골퍼들이 집중 연습해온 풀스윙으로는 맞추기 힘들다. 평소 연습량이 적은 골퍼라면 영락없이 그린에 올리지 못하고 어프로치 샷을 한 번 더 하게 된다.

실전에서 이처럼 중요하지만 골퍼들은 연습할 때 특별한 기준을 정하지 못한 채 대충 피칭웨지로 한 번씩 휘둘러보고 바로 풀스윙에 들어간다. 또 연습을 한다 해도 제대로 재미를 느끼지 못한다.

이런 골퍼들을 위해 방법을 제시한다.

골프 경기라는 전쟁을 치르는데 쇼트 게임은 엄청나게 중요하며
필요한 것이지만, 연습할 때는 그 필요성을 알지 못한다.
운용하지 않아도 되는 군대처럼 보인다.
골프라는 적은 손자병법 중 이 방법을 택해 골퍼들을 속이는 것이다.

일단 체중이동을 크게 하지 말고 몸통 회전만으로 피칭웨지 거리를 측정한다. 힘껏 임팩트하는 것이 아니라 백스윙과 피니시가 몸통을 중심으로 대칭이 되도록 하는 데 집중한다. 그렇게 해서 매번 같은 거리를 보내게 된다면 스윙을 줄여가며 거리를 맞추는 것이다. 같은 속도로 스윙을 하되 백스윙 때 손의 위치를 9시 방향까지만 하면 풀스윙의 70%만큼 거리가 난다. 백스윙 때 손의 위치를 7시 30분 방향 정도로 조정하면 풀스윙의 50%만큼 거리가 난다. 중요한 것은 클럽헤드가 아니라 손의 위치로 스윙 크기를 정하는 것이다. 매번 몸통, 특히 허리의 회전으로 전체적인 피니시 자세, 다시 말해 양손은 가슴 앞에 헤드가 하늘을 향하도록 하는 모양을 만들면 거리도 정확해지고 백스핀도 충분히 걸린다.

볼과 싸워 이기는 자세

8

不動如山
難知如陰 動如雷霆
부동여산
난지여음 동여뢰정

「군쟁(軍爭)」편에 나오는 말로, 전투를 할 때 움직이지 않을 시에는 마치 큰 산처럼 진중해야 하고 적이 동태를 살피지 못하게 할 때는 어두운 밤과 같이해서 아무것도 엿볼 수 없게 하며 공격의 순간은 천둥번개처럼 신속하고 맹렬해야 한다는 뜻이다.

충분히 잘 갖추어진 어드레스 때 볼을 내려다보면서 호흡을 조절하는 것을 부동여산이라고 할 수 있다. 이때 볼 역시 바닥에 앉아서 골퍼의 눈을 쳐다 보고 있게 된다. 볼에 눈·코·입을 그려넣어 자신을 바라보도록 해보라.

그때 볼이 전혀 대항할 수 없는 기세가 돼야 하고 도저히 언제 치려는지 예측하기 조차 어렵게 어드레스가 흔들리지 않아야 한다.

호흡을 충분히 조절하고 이미지 스윙을 머릿속에서 한 번 그려본 뒤 클럽헤드가 볼의 뒤쪽으로 미끄러지듯이 나가 백스윙을 하는 동안에도 볼이 자신을 공격할 클럽헤드가 움직이는 것을 눈치채지 못하게 해야 한다. 이것이 바로 난지여음이다. 클럽헤드를 너무 빨리 테이크 백, 즉 뒤로 빼게 되면 어드레스 때 잘 맞추어 방향성이 좋은 상태가 흐트러지고 스윙의 리듬 또한 흔들린다. 이 때문에 다운스윙이 과격해지면서 오른손으로 볼을 때리게 되므

「군쟁(軍爭)」편에 나오는 말로, 전투를 할 때 움직이지 않을 시에는 마치 큰 산처럼 진중해야 하고 적이 동태를 살피지 못하게 할 때는 어두운 밤과 같이해서 아무것도 엿볼 수 없게 하며 공격의 순간은 천둥번개처럼 신속하고 맹렬해야 한다는 뜻이다. 충분히 잘 갖추어진 어드레스 때 볼을 내려다보면서 호흡을 조절하는 것을 부동여산이라고 할 수 있다.

로 자칫 뒤땅이나 토핑·생크를 내기 쉽다.

그러나 일단 부드럽고 느리게 백스윙을 한 뒤에는 천둥번개처럼 순식간에 다운스윙을 해서 볼을 때려야 한다. 이것이 동여 뢰정이라고 할 수 있다.

즉 어드레스 때 강한 시선으로 볼의 눈을 쳐다봄으로써 볼을 꼼짝 못하게 만들고 백스윙은 천천히 하되 순간적인 신체 회전으로 헤드 스피드를 높여 클럽의 원심력으로 볼을 때리는 깨끗한 스윙으로 볼과 싸워 이기게 되는 것이다.

마음을 다스리는 지혜

明君愼之良將警之
此安國全軍之道也
명군신지양장경지
차안국전군지도야

'현명한 군주는 분노 때문에 전쟁을 일으키는 일이 없으며 훌륭한 장군도 성이 난다고 해서 전투를 벌이는 일이 없도록 스스로 경계한다. 이렇게 하는 것이 곧 국가를 안정되게 하고 군을 보전하는 길인 것이다.' 「화공(火攻)」편에 나오는 말이다.

촉한의 유비는 요충지인 형주를 의동생인 관우에게 맡겼다. 그러나 관우는 오나라 손권의 계략에 빠져 형주를 빼앗기고 목숨마저 잃었다. 이 소식을 들은 유비는 분을 참지 못하고 군대를 일으켜 신하의 반대를 무릅쓰고 전쟁을 했으나 싸움에 패하고 말았다. 즉 감정으로 전쟁을 할 수는 없다는 것이다.

우리도 가끔은 생각지도 않은 자신의 실수로, 또는 지형이나 바람 때문에 스코어를 손해보는 경우가 있다. 그 때문에 잘 나가던 그날의 게임을 완전히 망쳐버린 양, 순간적으로 화가 치밀어 오르게 된다. 그러고 나서 보기 뒤에 보기가 따라오듯이 계속해서 홧김에 스윙을 제대로 하지 않고 볼을 쥐어박다 보면 리듬감마저 잃어버리게 된다. 작은 내기라도 걸리면 더욱더 자제력을 잃고 만다.

파72를 본다면 작든 크든 실수는 나오게 마련이다. 다음에 반복되는 같은

'현명한 군주는 분노 때문에 전쟁을 일으키는 일이 없으며 훌륭한 장군도 성이 난다고 해서 전투를 벌이는 일이 없도록 스스로 경계한다. 이렇게 하는 것이 곧 국가를 안정되게 하고 군을 보전하는 길인 것이다. 「화공(火攻)」편에 나오는 말이다. 세계적인 선수들은 보통 골퍼들이 간과하는 샷 이외의 내면적인 부분까지 찾아내 게임에 이용하고 있다.

실수를 방지하기 위해 자신의 감정을 조절하고 빨리 평상심을 갖도록 심호흡을 크게 한다. 또는 양손으로 양발목을 잡고 무릎을 펴서 머리가 무릎에 닿도록 허리를 굽혀주면 몸 뒷부분의 큰 근육들이 이완되면서 쉽게 감정조절이 되고 리듬도 찾는데 도움이 된다. 다음 샷이 잘 되는 것은 물론이다.

　세계적인 선수들은 보통 골퍼들이 간과하는 샷 이외의 내면적인 부분까지 찾아내 게임에 이용하고 있다.

피칭웨지로 다양한 공략을

色不過五 五色之變 不可勝觀也
味不過五 五味之變 不可勝嘗也
색불과오 오색지변 불가승관야
미불과오 오미지변 불가승상야

　빨강·파랑·노랑·흰색·검정의 다섯 색깔로 이들이 어울려 내는 색은 무궁무진해서 이루 다 볼 수가 없다. 미각의 기본도 시다, 쓰다, 달다, 맵다, 짜다 등으로 다섯 가지에 불과하지만 그 맛이 한데 어울려 내는 맛은 다 맛볼 수 없을 정도로 다양하다.

　「병세(兵勢)」편에서 보이는 구절로 전술 역시 변화무쌍하게 응용할 수 있음을 강조하고 있다. 골프라는 스포츠는 18홀 대자연에서 즐기는 게임으로서 14개의 클럽으로 이뤄내는 '판타지'는 실로 경이롭게 느껴질 때가 있다. 그런데 다른 클럽들은 각자의 정해진 거리를 보내는 데 쓰이지만 '피칭웨지' 만큼은 성격이 다르다는 점이 특이하다. 피칭웨지는 상황에 맞게 수정해서 사용할 수 있는, 즉 오감(五感)을 활용하게 하는 클럽이다.

　10야드 이내에서는 좁고 오픈 된 스탠스를 취하고 양팔로 가볍게 흔들어주면 되고, 20~30야드에서는 거의 같은 자세에서 그립을 쥔 양손의 위치만 조금 더 오른쪽으로 이동시키면 된다. 50~60야드를 보낼 때는 스탠스를 조금 넓혀주고 양발을 거의 평행으로 디딘 뒤 백스윙을 양손이 어깨 높이에 올 때까지 해줌으로써 부드러운 샷을 할 수 있다. 100야드 안팎이라면 정상적

빨강 · 파랑 · 노랑 · 흰색 · 검정의 다섯 색깔로
이들이 어울려 내는 색은 무궁무진해 이루 다 볼 수가 없다.
미각의 기본도 시다, 쓰다, 달다, 맵다, 짜다 등으로 다섯 가지에 불과하지만
그 맛이 한데 어울려 내는 맛은 다 맛볼 수 없을 정도로 다양하다.
골프라는 스포츠는 18홀 대자연에서 즐기는 게임으로서
14개의 클럽으로 이뤄내는 '판타지' 는 실로 경이롭게 느껴질 때가 있다.

인 준비자세에서 백스윙 때 양어깨 회전으로 상체
를 충분히 틀어줬다가 몸통을 되돌리면서 채를 끌
어내려 핀을 공략한다.

　이렇게 피칭웨지 하나를 가지고 상황에 따라 유
용하게 사용할 수 있어 쓸수록 멋지고도 감칠맛이
나는 클럽이다.

그린 형태에 따라
퍼트 전략 다르게

孫子曰 地形 有通者 有挂者
有支者 有隘者 有險者 有遠者
손자왈 지형 유통자 유괘자
유지자 유애자 유험자 유원자

11

손자는 「지형(地形)」편에서 '지형에는 통형·괘형·지형·애형·험형·원형의 여섯 가지가 있다'고 말했다. 이는 먼저 지형의 상태를 살피고 그 형태에 따라 대응하는 방법을 세워야 한다는 의미로 해석된다.

통형이란 사통팔달의 형태로 그저 평평한 그린과 유사하다. 이런 그린은 그 크기가 방대하나 굴곡이 없어 그린 주변에서 아이언은 물론 퍼터를 사용해도 되며 페어웨이 우드로 굴려 핀에 어프로치 할 수도 있는 형태다.

괘형은 가기는 쉬우나 돌아오기 힘든, 뒤쪽에서 앞으로 급한 내리막 형태의 그린에 해당한다. 이 경우에는 오르막이라고 해서 홀을 향해 무작정 길게 쳐 홀을 오버하고 나면 내리막 경사 퍼트를 남기게 돼 몹시 부담스럽게 된다. 첫 퍼트를 조금 못 미치게 해주는 것이 바람직하다.

또 험형이란 작은 그린 3개를 붙여서 하나의 커다란 그린으로 만들어낸 2단 혹은 3단 그린으로 볼 수 있다. 굴곡이 매우 심해 초보자는 물론 보기플레이어조차도 3퍼팅이나 그 이상까지 범하게 되는 곳이다. 험형 그린에서는 이전의 기억을 잘 떠올려 우선 핀 가까이 붙인다는 생각으로 '어프로치 퍼트'를 하는 것이 스코어 관리에 유리하다.

'지형에는 통형 · 괘형 · 지형 · 애형 · 험형 · 원형의 여섯 가지가 있다'
고 말했다. 이는 먼저 지형의 상태를 살피고
그 형태에 따라 대응하는 방법을 세워야 한다는 의미로 해석된다.
통형이란 사통팔달의 형태로 그저 평평한 그린과 유사하다.
이런 그린은 그 크기가 방대하나 굴곡이 없어
그린 주변에서 아이언은 물론 퍼터를 사용해도 되며
페어웨이우드로 굴려 핀에 어프로치 할 수도 있는 형태다.

퍼트 라인을 살필 때는 ▲골프장의 전
반적인 경사를 확인해 그린의 기울어진
방향을 먼저 확인하고 ▲그린에 올라서
서는 볼과 핀 사이를 퍼트 라인 옆으로
걸어봄으로써 양발에 전해오는 동물적
감각을 참고로 하여 ▲볼을 보낼 중간 목

표와 거리를 조절해야만 좋은 퍼팅을 할 수 있다.

벙커 샷 정복하기

大吏怒而不服 遇敵懟而自戰
將不知基能 曰崩

대리노이불복 우적대이자전

장부지기능 왈붕

'최고 지휘관이 그만한 능력이 없으면 그 아래 있는 고급 지휘관이 이를 못마땅히 여겨 좀처럼 그의 명령에 복종하려 들지 않는다. 장군이 부하들의 기능과 역량을 올바르게 알지 못하고 활용하지 못하기 때문에 그러한 장군은 무너져버린다.'

손자는 「지형(地形)」편에서 부하들을 정확히 이해하고 제대로 활용해야 하는 점의 중요성을 강조한다.

앞서 골퍼에게 부하는 클럽이라고 이야기한 적이 있다. 우리 골퍼들의 클럽은 14자루로 한정돼 있다. 골프백 안은 거리를 내는 드라이버의 파5홀에서 티 샷과 어프로치 샷을 연결해주는 페어웨이 우드, 거리와 방향을 정확하게 만들어내는 아이언 등 각기 용도가 다른 것들로 채워져 있다.

그 가운데 샌드웨지는 특이한 용도로 쓰이는 클럽이다. 보통의 90대 플레이어가 더 이상 스코어를 쉽게 줄여나가지 못하는 큰 이유 중 하나는 바로 미숙한 벙커 샷 때문이다. 샌드웨지라는 부하를 잘못 다룬다는 뜻이다. 이런 골퍼들은 벙커에 한 번 들어가면 2번 또는 3번 이상으로 탈출에 실패해 스코어가 눈덩이처럼 불어나는 경우를 자주 겪는다.

벙커에서는 첫째가 탈출이요, 둘째가 그린에 올리는 것이며, 셋째가 핀에 가깝게 붙이는 것이다. 일단 빠져나가는 것을 우선 목표로 삼아야 한다는 말이다. 부언하건대 볼 뒤를 쳐서 클럽헤드가 볼 아래 모래를 빠르게 통과하도록 급격히 빼 올려 주는 것이 벙커 샷에서 가장 중요한 요령이다.

벙커에서는 첫째가 탈출이요, 둘째가 그린에 올리는 것이며, 셋째가 핀에 가깝게 붙이는 것이다. 일단 빠져나가는 것을 우선 목표로 삼아야 한다는 말이다. 벙커에서 볼을 밖으로 내보내려면 벙커 샷에 대한 공포를 없애야 한다. 샷을 할 때는 볼의 5cm 정도 뒤를 내리쳐서 샌드웨지의 헤드를 볼 앞쪽으로 해서 볼보다 먼저 벙커 밖으로 빼주는 느낌으로 치면 100% 탈출에 성공할 수 있다. 그린 주변에서 이 같은 샷을 성공 시켰을 때 그린에 떨어진 볼은 백스핀 때문에 급격히 멈춰 서는 것을 볼 수 있게 된다.

부언하건대 볼 뒤를 쳐서 클럽헤드가 볼 아래 모래를 빠르게 통과하도록 급격히 빼 올려 주는 것이 벙커 샷에서 가장 중요한 요령이다.

코스 읽고 공략을

故善動敵者 形之 敵必從之
予之 敵必取之 以利動之 以卒待之
고선동적자 형지 적필종지
여지 적필취지 이리동지 이졸대지

「병세(兵勢)」편에 나오는 말로, 적을 마음대로 움직일 수 있는 장수는 자기 쪽이 혼란스럽게 보이도록 해 내심 적으로 하여금 작전에 말려들게 하고, 또 적에게 작은 이익을 주면 적은 반드시 이를 빼앗으려 하므로 기다렸다가 친다는 뜻이다. 즉 적에게 빈틈을 보이면 적은 반드시 유도하는 대로 하므로 적을 전멸할 수 있다는 뜻이다.

이를 골프에 대입하면 나는 골프 코스가 되고 적은 골퍼들이 된다. 즉, 골프 코스가 빈틈을 보여 골퍼들을 여지없이 무너뜨린다는 것이다. '버디 뒤에는 보기가 온다', '보기는 줄보기를 낳는다', '처음 가본 코스가 스코어가 좋다' 등은 골프 코스를 설계한 사람의 의도를 충분히 읽지 못해서 생기는 실수다.

크게 나눠 구릉 코스, 즉 산과 산 사이에 만들어져 있어 코스에 업·다운이 심한 곳에서는 트러블 샷 요령을 시험하는 식으로 설계한다. 다시 말하면 발 위치에 따라 샷이 달라지고 오르막이나 내리막에 따라 클럽 선택이 달라져야 하는 것을 시험한다. 이에 비해 임간 코스, 즉 홀과 홀의 경계선이 높은 나무로 이어져 있는 코스에서는 그 높은 나무 자체가 3차원의 트러블이 된

「병세(兵勢)」편에 나오는 말로, 적을 마음대로 움직일 수 있는 장수는 자기 쪽이 혼란스럽게 보이도록 해 내심 적으로 하여금 작전에 말려들게 하고, 또 적에게 작은 이익을 주면 적은 반드시 이를 빼앗으려 하므로 기다렸다가 친다는 뜻이다. 이를 골프에 대입하면 나는 골프 코스가 되고 적은 골퍼들이 된다. 즉, 골프 코스가 빈틈을 보여 골퍼들을 여지없이 무너뜨린다는 것이다.

다. 그저 쳐다보는 것은 높이나 폭을 가늠할 수는 있겠으나 앞뒤의 거리를 분명하게 파악하기가 어려워 클럽 선택에 어려움을 주며 목표를 설정하기가 힘들고 나무 밑에서 스탠스 잡기도 쉽지 않다.

또 하상 코스, 즉 거의 평지 상태의 코스에 워터 해저드가 많은 곳은 거리감을 둔하게 만들고 넓은 듯해 자신의 실력 이상의 샷을 하려고 하다가 벌타를 받기가 십상이다. 그러므로 코스를 알고 공략을 해야 타수를 줄일 수 있다. 설계자의 유혹에는 독이 들어 있다는 점을 명심하자.

어드레스는 스윙의 기본

善守者 藏於九地之下
善功者 動於九天之上
선수자 장어구지지하
선공자 동어구천지상

'수비에 능한 자는 깊이를 헤아릴 수 없는 깊은 땅 속에 감춘 것 같이 하여 적에게 공격할 틈을 주지 않고, 공격에 능한 자는 까마득히 높은 하늘 위에서 행동하듯 하여 적에게 방어할 틈을 주지 않는다.'

자신을 보호하면서 공격을 해야 완전한 승리를 거둘 수 있음을 강조하는 구절로 「군형(軍形)」편이 출처다.

'9' 라는 숫자는 수에 있어서 맨 끝을 뜻한다. '구지' 니 '구천' 이니 하는 것은 땅 속 깊은 곳, 하늘 높은 곳을 의미한다. 그러므로 태세를 완전히 갖춘 군대는 숨을 때는 그림자조차 찾을 수 없고 공격 때는 적군을 꼼짝 못하게 만든다.

가끔 골프가 잘되다 보면 너무 들뜬 나머지 기본에 충실하지 않은 경우가 많다. 그러다 보면 서서히 9가 8이 되고 다시 7이 돼 그렇게 좋던 샷이 어느새 무너져버리게 된다.

남아공의 세계적인 골프스타 어니 엘스는 '그린의 황태자' 답게 언제나 여유 있는 행동과 스윙으로 팬들을 즐겁게 해준다. 그가 스윙을 준비할 때 보면 ▲클럽헤드를 목표 방향에 맞게 볼의 뒤에 내려놓고 ▲양발을 모은 상태

'9' 라는 숫자는 수에 있어서 맨 끝을 뜻한다. '구지' 니 '구천' 이니 하는 것은 땅 속 깊은 곳, 하늘 높은 곳을 의미한다. 그러므로 태세를 완전히 갖춘 군대는 숨을 때는 그림자조차 찾을 수 없고 공격 때는 적군을 꼼짝 못하게 만든다. 골프의 스윙의 가장 기본은 1과 2지만 궁극적으로는 9를 포용할 수 있게 하는 중요한 준비 단계임을 잊어서는 안 된다. 실력(공격)이 있다 해도 그 실력을 충분히 발휘하도록 해주는 것은 기본기(수비)를 닦는 것이라는 점을 명심하자. 잘하는 수비도 공격이다.

에서 왼발부터 옮겨놓고 ▲오른발을 벌려 편안히 스윙할 수 있도록 스탠스 폭을 잡아준다. 그러면서 ▲양발 끝이 타깃 라인과 평행하도록 맞춰준다.

이 같은 동작이 골프 스윙의 가장 기본이 되는 1과 2지만 궁극적으로는 9를 포용할 수 있게 하는 중요한 준비 단계임을 잊어서는 안 된다. 실력(공격)이 있다 해도 그 실력을 충분히 발휘하도록 해주는 것은 기본기(수비)를 닦는 것이라는 점을 명심하자. 잘하는 수비도 공격이다.

골프장 지형따라 클럽 선택을

勢者,
因利而制權也
세자,
인리이제권야

「시계(始計)」편에 나오는 말이다. 세란 형세·기세로 풀이될 수 있으며 한 걸음 더 나아가 판단하는 능력과 실행하는 박력 같은 것으로도 풀이할 수 있다. 이익을 목표로 그것을 달성하기 위한 원칙이 바로 세인 것이다.

권이란 권변(權變), 즉 임기응변을 말한다. 무슨 일이든 원칙적인 정도(正道)가 있는가 하면 일시적인 방편인 응용적인 권도(權道)가 있다.

미국 텍사스 지방 골프장은 사막 위에 만들어진 곳도 있고 그린 주변의 벙커는 턱이 거의 없는 곳들이 있다. 특히 그린의 입구도 그저 평평하게 돼 있어 세컨드 샷을 미스해서 온그린이 되지 않았을 때는 권(權)의 방법으로 용감하게 퍼터를 집어들고는 30야드 이내 샷(?)을 해댄다. 그래서 가끔 우리도 그린 주변에서 퍼터를 사용하기도 하는데 이 퍼터를 '제4의 웨지' 또는 '텍사스 웨지'라고도 부른다. 또 그린 주변에서 유명한 프로 골퍼들이 신기하게도 우드로 볼을 쳐서 홀로 보내는 것을 보기도 한다. 웬만큼 거리가 남은 파5의 세컨드 샷도 자신 있다 싶으면 드라이버를 빼서 신나게 쳐대는 수도 있다. 골프 클럽은 14자루로 구성된 무기라고 할 수 있으나 꼭 14가지 방법으로 홀을 공략할 필요는 없다. 조금만 더 생각해보면 드라이버를 퍼터로 쓸

골프 클럽은 14자루로 구성된 무기라고 할 수 있으나 꼭 14가지 방법으로 홀을 공략할 필요는 없다. 조금만 더 생각해보면 드라이버를 퍼터로 쓸 수 있고 9번 아이언을 7번 아이언처럼 쓸 수 있다. 이것은 골프장의 지형에 따라 유용하게 사용할 수 있어 14자루가 28자루의 효과를 내기도 한다. 원칙에서는 벗어나지만 융통성이 싱글을 만드는 것은 이 때문이다.

수 있고 9번 아이언을 7번 아이언처럼 쓸 수 있다. 볼의 위치에 따라 7번 아이언이 6번도 되고 8번도 된다. 즉 볼이 오른쪽으로 치우쳐 있어 임팩트 때 클럽의 로프트가 제 로프트보다 다소 세워지면 6번이요, 반대로 로프트가 더 커지면 8번처럼 되는 것이다. 이것은 골프장의 지형에 따라 유용하게 사용할 수 있어 14자루가 28자루의 효과를 내기도 한다. 원칙에서는 벗어나지만 융통성이 싱글을 만드는 것은 이 때문이다.

클럽 선택 편견을 버려라

故將通於九變之者 知用兵矣
治兵不知九變之術 不能得人之用矣
고장통어구변지자 지용병의
치병부지구변지술 불능득인지용의

16

손자는 「구변(九變)」 편에서 '이로운 정세에 따라 아홉 가지의 전술을 자유자재로 변통해 쓸 수 있는 장수야말로 참으로 군사를 쓸 줄 안다 할 것이다' 고 말해 임기응변의 중요성을 강조하고 있다.

아이언 샷을 잘하면서도 풀스윙이 아닌 절반이나 4분의 3 크기의 스윙에서는 이상하리만치 자신 없이 뒤땅을 치거나 토핑을 내는 골퍼들을 흔히 볼 수 있다. 그런데 이런 사람들은 특이하게도 그들 나름대로 장기를 갖고 있다. 세컨드 샷이 온그린 되지 않으면 그린 주변의 웬만한 거리에서는 퍼터 하나로 해결해 내는 것이다.

풀이 조금 긴 러프에서도 용케 거리를 맞추고 턱이 높지 않은 벙커에서도 퍼터를 사용해 가볍게 탈출한다. 또 그린에서 약간 떨어진 러프에서는 퍼터를 아이언 샷의 백스윙처럼 가파르게 치켜들었다가 푹 내리찍으면 볼이 튀어 올랐다 떨어져 구르는 '샷 아닌 샷' 을 하기도 한다. 심지어 볼이 깊은 디봇에 빠졌을 때는 퍼터를 머리 위로 들어 올렸다가 토(앞쪽) 부분으로 찍어 빼내기도 한다.

'궁하면 통한다' 고 14자루의 클럽 중 하나인 퍼터가 다른 13자루로 해낼 손자는 「구변(九變)」 편에서 '이로운 정세에 따라 아홉 가지의 전술을 자유 자재로 변통해 쓸 수 있는 장수야말로 참으로 군사를 쓸 줄 안다 할 것이다' 고 말해 임기응변의 중요성을 강조하고 있다.

수 없는 '화를 복으로 만드는' 해결사 노릇을 하는 셈이다. 어프로치 샷을 웨지가 아닌 쇼 트 또는 미들 아이언으로 하기도 하며 타이거 우즈도 3번 우드로 그린 에지에서 핀을 향해 절묘한 칩 샷을 보인 적이 있다. 골프 플레이 에는 꼭 정석만이 존재하는 것은 아니다. 곤란한 처지에서 스스로 자신 있는 방법을 택하는 것이 유리한 상황을 만들기도 한다.

구질에 맞춰 티 꽂아야

故經之以五事 校之以七計
而索基情 曰道天地將法
고경지이오사 교자이칠계
이색기정 왈도천지장법

    '다섯 가지 일(원칙)과 일곱 가지 계산으로 비교해 그 상황정세를 탐색해야 전쟁에서 승리할 수 있다. 다섯 가지 원칙이란 ▲지도자의 능력 ▲기상조건 ▲지형조건 ▲장수의 노력 ▲법제도 등이다.

    손자병법 「시계(始計)」편에 나온 말로 피(彼)와 아(我)의 상황을 정확히 파악한 다음 전쟁에 들어가야 한다는 점을 환기시킨다.

    골프에서 여러 가지로 적용될 수 있는 구절이나, 특히 티잉 그라운드에서 티를 꽂을 지점을 선택할 때 기억해두면 도움이 될 듯싶다.

    많은 골퍼들이 라운드 중 애를 먹는 것이 바로 슬라이스 구질이다. 분명히 똑바로 보낸다고 드라이버를 휘두르지만 잘 날아가다가 느닷없이 커다란 바나나처럼 우측으로 휘어져버리고 만다. 악성 슬라이스 때문에 OB를 내서 잘해야 더블보기를 하게 되고 또는 옆 홀 페어웨이로 넘어가 '남의 집'에서 눈총을 받으며 세컨드 샷을 해야 하는 경우도 허다해 이만저만 속이 상하는 게 아니다.

    티잉 그라운드는 2개의 티 마커 사이, 그리고 후방으로는 두 클럽 이내 폭의 장방형 구역이 정해져 있다. 이 가상의 사각형의 박스 안에 볼을 놓기만

손자병법 「시계(始計)」편에 이른 말로 피(彼)와 아(我)의 상황을
정확히 파악한 다음 전쟁에 들어가야 한다는 점을 환기시킨다.
골프에서 여러 가지로 적용될 수 있는 구절이나, 특히 티잉 그라운드에서
티를 꽂을 지점을 선택할 때 기억해두면 도움이 될 듯싶다.

하면 골퍼의 발을 벗어나도 상관없다. 골프
장에 따라서는 티잉 그라운드를 인색하게
만들어 놓아 혼자 서기에도 벅찬 곳이 있고
그래도 조금 넉넉한 곳도 있다.

　폭이 조금 넉넉한 티잉 그라운드라면 잘
생각해서 활용할 필요가 있다. 위험지구 쪽
에 서서 반대편을 보고 티 샷을 하는 것이다. 예를 들면 페어웨이 우측이 OB
지역이라면 티잉 그라운드 오른쪽 끝에 티를 꽂고 서서 반대편을 보고 드라
이버 샷을 한다. 이렇게 하면 웬만한 슬라이스 볼도 왼쪽을 향해 날아가다
휘어지면서 코스 한가운데로 떨어지게 된다. 이 같은 코스 공략법 '제1조'만
지켜도 6타 이상은 득을 보게 된다.

바람·경사 고려 아이언 선택을

18

夫兵形象水 水因地而制流
兵因敵而制勝
부병형상수 수인지이제류
병인적이제승

군대의 형태는 물과 같아서 지형에 따라 흐르는 방향이 달라지는 것처럼 군대 또한 적의 상황에 따라 통제해 승리하는 방법을 달리해야 한다. 「허실(虛實)」편에 보이는 구절로 '용병에는 철칙이 있으나 정석은 없다'는 점을 지적하고 있다.

골프는 장시간 자연 속에서 즐기는 야외 운동이기에 바람과 태양, 비, 그리고 지형 등에 많은 영향을 받게 돼 있다. 소재공학과 공기역학 등이 고도로 발달했다지만 골프 볼은 대기 요소의 간섭을 받게 마련이고 어떠한 첨단 골프채도 볼이 놓인 상태와 지형을 완벽하게 극복할 수 없다.

그렇기 때문에 주어진 클럽을 외부 환경에 맞도록 선택해 활용하는 것이 스코어와 직결된다 할 수 있다.

그 가운데도 핀에 가깝게 붙여야 하는 아이언의 경우는 클럽 선택의 중요성이 대단히 크다. 아이언 샷 거리는 뒷바람·앞바람·옆바람에 따라 보통 번호 한두 개 정도는 차이가 나게 된다.

가령 130m 거리에서 7번 아이언을 잡는 골퍼라면 볼이 떨어진 지점으로 걸어갈 때 8번과 6번까지 3개의 클럽을 들고 가는 게 좋다. 같은 거리라도 군대의 형태는 물과 같아서 지형에 따라 흐르는 방향이 달라지는 것처럼 군대 또한 적의 상황에 따라 승리하는 방법을 통제해 달리해야 한다. '용병에는 철칙이 있으나 정석은 없다' 는 점을 지적하고 있다.

골프는 장시간 자연 속에서 즐기는 야외 운동이기에 바람과 태양, 비, 그리고 지형 등에 많은 영향을 받게 돼 있다. 소재공학과 공기역학 등이 고도로 발달했다지만 골프 볼은 대기 요소의 간섭을 받게 마련이고 어떠한 첨단 골프채도 볼이 놓인 상태와 지형을 완벽하게 극복할 수 없다.

뒷바람이면 8번 아이언으로 충분할 것이고 맞바람이 불 때는 6번 아이언을 잡아야 할 것이기 때문이다. 또 그린이 샷하는 지점보다 높은 곳에 있을 경우에는 바람이 불지 않아도 6번을 선택해야 할 것이고, 아래쪽에 있는 그린을 향해서는 8번

거리가 맞을 것이다. 경사에 따른 거리 계산은 통상 기울기 10도당 7~8m를 가감해 준다.

만일 맞바람에 비까지 내린다면 두 가지의 악재가 작용하므로 2클럽 이상 거리가 충분히 나는 클럽을 선택해야 한다. 매사 마찬가지겠지만 골프도 남은 거리 한 가지만을 기준으로 삼아 꼭 한 가지 선택을 고집하면 보다 나은 결과를 기대하기 어렵다.

잘라서 치고
돌아서 갈 줄 아는 용기

19

故用兵之法 十卽圍之 五卽攻之 倍卽
分之 敵卽能戰之 少卽能逃之 故若卽能避之 故小敵之堅 大敵之擒也
고용병지법 십즉위지 오즉공지 배즉
분지 적즉능전지 소즉능도지 고약즉능피지 고소적지견 대적지금야

　고로 용병의 방법은 아군이 적의 열 배가 되면 포위하고, 아군이 다섯 배
이면 공격하며, 아군이 두 배이면 병력을 분리해 공격한다. 적보다 능력이
우세하면 전쟁을 하고 적보다 적은 능력이라면 도망한다. 아군이 적보다 능
력이 모자라면 피해야 한다. 고로 약소의 군대가 적을 맞아 견고하게 수비를
한다면 강대한 적에게 포로가 된다.

　모략으로 공격해야 한다는 「모공(謨攻)」편의 한 구절이다. 삼십육계에서
말하는 '도망가는 것이 상책'이란 바로, 적의 수가 월등하게 많을 때 취해야
할 어쩔 수 없는 일을 가리킨다.

　오히려 견고한 체 하다가 도망칠 기회도 잃어버리는 수가 있다. 골프에서
는 깃대가 뻔히 보이더라도 돌아서 가거나 끊어가야 하는 경우가 허다하다.
무조건 티 샷은 길게 치고 다음 샷은 짧게 쳐야 한다는 고정관념을 버릴 필
요가 있다.

　특히 페어웨이 중간에 연못이나 개울이 있다면 반드시 이를 티 샷으로 넘
겨야 한다는 법은 어디에도 없다. 티 샷을 해저드 앞까지 짧게 보내고 세컨
드 샷을 길게 쳐서 그린까지 보내는 공략이 필요하다. 장애물을 앞에 두고

페어웨이 중간에 연못이나 개울이 있다면 티 샷을 해저드 앞까지 짧게 보내고 세컨드 샷을 길게 쳐서 그린까지 보내는 공략이 필요하다. '잘라서 가야 하는' 경우다. 페어웨이 좌우 측에 큰 나무가 도열해 있는 숲이나 그린 방향으로 턱이 높게 돼 있는 벙커에 빠졌을 때에는 '돌아서 가는' 전략이 요구된다. 페어웨이 쪽으로 일단 안전하게 탈출하는 것이 우선이다.

괜히 무리수를 두다 보면 평소보다 힘이 들어가면서 클럽페이스의 스위트스폿에 맞히지 못하고 토핑이나 뒤땅치기 등의 실수가 나와 큰 손해를 보게 된다. '잘라서 가야 하는' 경우다.

페어웨이 좌우 측에 큰 나무가 도열해 있는 숲이나 그린 방향으로 턱이 높게 돼 있는 벙커에 빠졌을 때에는 '돌아서 가는' 전략이 요구된다. 오로지 전진만 하려다 보면 나무에 맞거나 벙커 턱에 맞으면서 그 홀 스코어가 크게 불어날 위험이 크다. 페어웨이 쪽으로 일단 안전하게 탈출하는 것이 우선이다.

가끔은 한 박자 쉬어가고 한 타수 우회해 가야 하는 것이다. 그런 뒤에 그린으로 올리는 방책을 강구하는 게 결과적으로 훨씬 큰 성공을 보장한다. 골프에는 '뒤로 치는 사람이 용감한 사람'이라는 말도 있다.

마음 다스려야 '굿 샷'

20

將軍之事
靜以幽 正以治
장군지사
정이유 정이치

손자는 「구지(九地)」편에서 '장수는 심산유곡처럼 냉정하고 엄정하게 통치해야 한다'고 일렀다. 정(靜)이라 함은 그의 몸가짐과 언행이 침착해야 한다는 것이다. 유(幽)라 함은 생각과 계책이 차분해야 함이며 정(正)이란 군기의 공정을 지켜야 한다는 것, 치(治)는 일을 조리 정연하게 처리하고 다스려야 한다는 의미다.

골프 코스에는 골퍼가 자신의 실력 이상으로 볼을 때려내고 싶도록 유혹하는 홀들이 있다. 페어웨이 폭이 널찍하고 그린까지 똑바로 뻗어 있으며 그린의 깃대가 훤히 보이는 홀에서는 특히 더 큰 충동을 느낀다. 이때 필요한 것이 바로 처음 강조한 '정(靜)'이다.

또 그린에서 편의 위치(앞쪽인지 뒤쪽인지)나 홀의 고저 차이로 거리를 가감해야 하고 볼이 놓인 곳의 지면 경사에 따라 클럽을 선택해야 한다. 클럽을 선택한 뒤에는 풀 샷이나 하프 샷 등의 스윙 크기와, 볼을 띄울 것인지 굴릴 것인지를 결정해야 한다. '유'가 필요한 상태이다.

일단 클럽과 샷의 종류를 정했으면 확신을 가지는 것이 중요하다. 조금이라도 혹시나 하는 의심이 생기지 못하도록 마음을 가다듬고 스윙이 끝날 때

정(靜)이라 함은 그의 몸가짐과 언행이 침착해야 한다는 것이다.
유(幽)라 함은 생각과 계책이 차분해야 함이며
정(正)이란 군기의 공정을 지켜야 한다는 것,
치(治)는 일을 조리 정연하게 처리하고 다스려야 한다는 의미다.
그 누가 골프를 아무 생각 없이 그저 볼만 툭툭 치는 게임이라 했는가.
골프는 알면 알수록, 치면 칠수록 알아야 할 것이 많고, 해야 할 것이 많은
오묘한 스포츠임에 틀림없다.

까지 부정적인 생각을 없애는 것이 '정(正)'이다.

'치(治)'는 이상의 모든 스윙 요인들을 한치의 오차도 없이 조합하고 실행해내는 것이라 할 수 있다.

하나의 샷은 셋업과 스탠스, 어드레스, 백스윙, 다운스윙, 팔로스루, 피니시까지 일련의 동작들을 대충대충 하지 않으며 생략 없이 정확하게 해줘야 원하는 결과로 이어진다는 것을 명심해야 한다. 그 누가 골프를 아무 생각 없이 그저 볼만 툭툭 치는 게임이라 했는가. 골프는 알면 알수록, 치면 칠수록 알아야 할 것이 많고, 해야 할 것이 많은 오묘한 스포츠임에 틀림없다.

기본을 갖춰야 실전이 즐겁다

孫子曰 凡用兵之法 將受命於君
合軍聚衆 交和而舍 莫難於軍爭
손자왈 범용병지법 장수명어군
합군취중 교화이사 막난어군쟁

21

'군대를 운용하는 방법은 우선 장수가 임금에게서 명령을 받아 군대를 모아 훈련 시키고 부대를 편성한 뒤 적군과 마주하여 주둔하는 것인데 적군과 싸워 승리를 거두는 일처럼 어려운 것이 없다' 는 의미로 출처는 「군쟁(軍爭)」편이다.

손자는 손자병법에서 1편부터 6편까지는 전쟁을 준비하는 단계에 관해 언급하고 7편에 가서야 비로소 '군쟁', 즉 실제로 적과 대치해 싸움을 하고 승리를 거두는 일에 대해 기술하기 시작한다.

1편은 계(計)라고 하여 전쟁을 시작하기 전 먼저 갖춰야 할 기본 대책에 관한 내용이고 2편은 전쟁의 발동 단계에 해당하는 작전, 3편은 싸우지 않고 계략으로 적을 굴복시키는 방법인 모공, 4편은 군의 배치 형태에 관한 군형, 5편은 힘을 움직이는 태세를 일컫는 병세, 그리고 6편은 준비상태로 주도권을 잡는 방법을 논한 허실편이다.

전쟁에 면밀한 준비가 수반돼야 하듯 우리가 평생 즐겨야 할 골프에도 최소한의 준비는 갖춰져야 한다. 자연과 함께하는 멋진 운동임에도 불구하고 골프 대중화 추세 속에 너무 준비 없이 서둘러 골프 코스로 향하는 경우가

'군대를 운용하는 방법은 우선 장수가 임금에게서 명령을 받아 군대를 모아 훈련 시켜고 부대를 편성한 뒤 적군과 마주하여 주둔하는 것인데 적군과 싸워 승리를 거두는 일처럼 어려운 것이 없다' 는 의미로 출처는 「군쟁(軍爭)」편이다. 드라이버 · 아이언 · 웨지 · 퍼터 등을 다룰 줄 아는 방법을 숙지하고 무엇보다도 기본적인 룰과 에티켓을 알고서 필드에 나설 때, 골프의 오묘함에 매료되면서 점점 더 열심히 하고 싶은 욕구가 생기게 마련이다.

많다는 생각이다.

드라이버 · 아이언 · 웨지 · 퍼터 등을 다룰 줄 아는 방법을 숙지하고 무엇보다도 기본적인 룰과 에티켓을 알고서 필드에 나설 때, 골프의 오묘함에 매료되면서 점점 더 열심히 하고 싶은 욕구가 생기게 마련이다. 골프를 시작한 그 해에 10% 정도가 골프를 그만둔다는 이야기가 있다. 이는 기본적인 준비 없이 채부터 손에 잡은 탓이다. 잘 맞지 않으니 흥미를 잃고, 요령 없이 온몸에 힘을 줘 연습을 하니 숨도 못 쉴 정도로 여기저기 아프기나 하고 골프 선배들로부터 잔소리만 들으니 골프가 짜증스러워지는 것이다.

손자병법처럼 차근차근 준비과정을 밟은 뒤 천천히 실전에 접근해 가는 것이 처음에는 지루할지 몰라도 결국에는 신비로운 즐거움에 이를 수 있는 가장 빠른 길이다.

스코어를 낮추려면 과실 줄여라

故兵有 走者 弛者 陷者 崩者
亂者 北者 凡此六字 非天之災 將之過也
고병유 주자 이자 함자 붕자
난자 배자 범차육자 비천지재 장지과야

22

군대에는 도망가는 자, 군기가 해이한 자, 지휘관의 말을 듣지 않고 함정에 빠지는 자, 산사태가 나듯 무너지는 자, 좌충우돌 혼란한 자, 조금의 열세에도 물러나는 자 등 여러 종류의 군사들이 있다. 이 같은 상황들은 하늘이 주는 불가항력이 아니라 다 장수의 과실로 발생하는 것이다. 손자병법「지형(地形)」편에 보이는 구절로 장수 된 자의 책임이 더할 수 없이 중대한 것임을 강조한다.

골프에서 장수는 곧 골퍼이고 좋지 않은 스코어는 골퍼의 과실에서 나온다. 골퍼가 자주 저지르는 과실 가운데 하나가 실력의 한계를 넘는 플레이의 유혹에 넘어가는 것이다. 이런 사람은 늘 볼을 동반자들보다 멀리 날려보내야 하고 아이언 샷은 핀 옆에 척척 붙여야 직성이 풀린다. 그러다 보면 평소보다 큰 스윙으로 미스 샷을 양산하고 OB를 내게 된다. 속칭 '버디 값 한다'고 해서 어쩌다 버디를 하고 난 다음 홀에서 보기나 그보다 더 나쁜 스코어를 내는 것은 흥분에 겨워 힘이나 기술에서 적정 한도를 넘어서는 플레이를 한 결과인 셈이다.

"코스에서는 새로 시도하는 샷을 하지 마라"는 골프 금언이 있다. 조금 될 손자병법 「지형(地形)」편에 보이는 구절로 장수 된 자의 책임이 더할 수 없이 중대한 것임을 강조한다.
골프에서 장수는 곧 골퍼이고 좋지 않은 스코어는 골퍼의 과실에서 나온다.
기술을 확실히 습득한 후에, 또 근육이 기억만으로도 충분한 스윙이 될 때에 기대한 멋진 샷이 나오게 된다는 사실을 명심하자.

듯하면 언젠가 본 남의 멋진 샷을 흉내내고 이는 영락없이 미스 샷으로 연결된다. 어설픈 로브 샷이나 라이가 좋지 않은 곳에서 무리하게 그린을 곧장 노리는 샷은 그날 라운드를 망치는 원인이 된다.

아마추어가 프로와 가장 크게 다른 점은 숙달되기도 전에 실전에서 이것 저것 시도하는 것이다.

프로들은 한 가지 기술이나 스윙의 숙달 기간을 최소 6개월 정도로 본다.

기술을 확실히 습득한 후에, 또 근육이 기억만으로도 충분한 스윙이 될 때에 기대한 멋진 샷이 나오게 된다는 사실을 명심하자.

스코어 내려면 코스 알아야

不知山林險阻沮澤之形者
不能行軍 不用鄕道者 不能得地利
부지산림험조저택지형자
불능행군 불용향도자 불능득지리

'산림의 험난함이나 늪지대 같은 지형의 특성을 익히 알지 못하는 자는 행군을 할 수 없고 지형을 잘 아는 자를 적절히 이용하지 못하면 지형상의 이점을 얻지 못한다'는 의미로「군쟁(軍爭)」편에 실린 구절이다.

연습장에서 갈고 닦은 기술만으로 실제 라운드에서 좋은 스코어를 내기란 쉽지가 않다. 탁 트인 필드는 한정된 공간인 연습장과 분위기가 완전히 다르고, 도전해야 하는 홀이 있는가 하면 지키는 데 충실한 홀도 있으며 18홀 각기 최적의 공략 루트가 숨겨져 있기 때문이다. 성공적인 실전 라운드를 위해서는 연마한 기술을 펼칠 장(場), 즉 코스를 잘 알아야만 한다.

우선 골프와 코스에는 문학과 마찬가지로 기·승·전·결이 있다. 대개의 골프 코스는 한두 홀을 편안히 스타트 하도록 만들어져 있다. 그래서 부담이 되는 파3홀은 아웃코스 3번이나 4번 홀에야 처음으로 배치된다. 또 아웃코스 마지막 홀인 9번 홀은 다른 홀보다 길이가 깊고 그린도 어렵게 조성돼 있다. 거의 예외 없이 인코스 마지막인 16, 17, 18번 홀은 어렵게 세팅돼 끝까지 긴장을 풀지 못하게 하고 극적인 승부가 펼쳐질 수 있도록 하고 있다.

코스의 홀은 난이도에 따라 적절히 배열된다. 쉬운 홀 다음에는 어려운

연습장에서 갈고 닦은 기술만으로 실제 라운드에서
좋은 스코어를 내기란 쉽지가 않다.
탁 트인 필드는 한정된 공간인 연습장과 분위기가 완전히 다르고,
도전해야 하는 홀이 있는가 하면 지키는 데 충실한 홀도 있으며
18홀 각기 최적의 공략 루트가 숨겨져 있기 때문이다.
성공적인 실전 라운드를 위해서는 연마한 기술을 펼칠 장(場),
즉 코스를 잘 알아야만 한다.

홀, 어려운 홀 다음에는 쉬운 홀로 연결된다. 만만한 홀이 두어 개 계속되면 부담스러운 홀도 비슷한 숫자로 이어진다.

각 골프장의 스코어 카드에는 홀마다 난이도를 뜻하는 핸디캡 순위가 표시돼 있다. 핸드캡 1번은 가장 어려운 홀, 18번은 가장 쉬운 홀이 된다.

홀의 난이도를 결정하는 주요 기준으로는 ▲홀의 길이 ▲경사 등 지형의 변

화 ▲그린의 쉽고 어려운 정도 등이다. 예외가 있을 수 있지만 대체로 거리가 길수록 어렵고 그린의 크기가 작으면 더 어렵다. 또 지형상 거리가 짧은 홀은 벙커나 연못, 나무 등 장애물 배치를 통해 난이도를 높임으로써 스코어가 잘 나오는 것을 막는다.

그립은 처음부터
정확하게 배워라

可以往
難以返 曰挂
가이왕
난이반 왈괘

「지형(地形)」편에 나오는 말로 '들어가기는 쉬우나 되돌아 나오기가 어려운 지형을 괘형(挂形)이라고 한다' 는 의미다. 즉 '가기는 쉬워도 돌아오지는 못한다' 는 뜻이다. 잘못된 기본기가 처음에는 편안한 듯해도 일단 몸에 밴 뒤에는 바로잡기가 몹시 힘들다는 의미 해석이 가능하다.

US오픈에서 4차례나 우승한 벤 호건은 곧잘 "골프에 있어서 확실히 하지 않으면 안 되는 것이 있다. 만일 내가 골프를 가르친다면 그 중 70%를 그립에 할애하겠다"고 강조했다.

골프라는 운동은 사람의 신체 좌우를 하나로 묶어 한쪽 방향으로 진행되게 하는 운동이다. 오른손과 왼손이 하나가 돼 클럽을 움직임으로써 헤드 페이스를 통해 볼을 멀리 똑바로 보내는 것이다.

슬라이스처럼 볼이 오른쪽으로 날아가는 골퍼는 오른손을 왼손보다 과하게 사용하기 때문에 골프를 처음 시작하면 열이면 열 볼이 오른쪽으로 날아가게 된다. 그러나 시간이 흐르고 연습량이 많아지면 골프란 힘으로 해결되지 않는 것을 비로소 깨닫는다.

어느 정도 골프를 하다 보면 한계에 부딪히고 대부분은 '내 편한대로' 잡

「지형(地形)」편에 나오는 말로 '들어가기는 쉬우나 되돌아 나오기가 어려운 지형을 괘형(挂形)이라고 한다' 는 의미다. 즉 '가기는 쉬워도 돌아오지는 못한다' 는 뜻이다. 잘못된 기본기가 처음에는 편안한 듯해도 일단 몸에 밴 뒤에는 바로잡기가 몹시 힘들다는 의미 해석이 가능하다. 기본은 힘들더라도 처음부터 정확하게 배우고 연습을 해야 한다.

아왔던 그립이 어느덧 볼을 정확하게 보내는 정석에서 더욱 멀어져 있다는 사실을 느끼게 된다. 이때부터 그립을 교정하고 연습에 매달리지만 바꾼 그립으로 10번 잘 맞다가 1번 미스 샷이 나오면 다시 과거의 습관적인 그립으로 돌아가고픈  유혹을 받고 만다. 잘못인 줄 알면서도 예전의 몇차례 했던 '굿 샷' 에 대한 미련을 버리지 못하기 때문이다.

이처럼 애당초 별 것 아니라고 생각하고 '편한 대로' 를 고집했으나 막상 고치려고 하면 뜻대로 되지 않아 한동안 고생하게 되는 것이 바로 그립과 같은 기본기다. 기본은 힘들더라도 처음부터 정확하게 배우고 연습을 해야 한다.

스윙 톱 위치 유지

25

告知勝有五
以虞待不虞者勝
고자승유오
이우대불우자승

모략으로 공격하는 방법을 알려주는 「모공(謀攻)」편에 보이는 글귀다.

전쟁을 하기 전에 전쟁에서 이길 수 있는 지를 미리 아는 길이 다섯 가지 있는데 그 네 번째가 '사전에 항상 경계하고 조심해서 방어태세에 빈틈을 보이지 않고 차근차근 준비를 하면 승리한다' 는 것이다.

골프에 있어서 승리에 대한 예지는 볼을 쳐내기 전, 즉 스윙 임팩트 직전까지의 완벽한 과정에서 판가름난다고 할 수 있다. 기본에 충실한 셋업(볼을 치기 위한 신체적인 준비와 기본 자세), 테이크 어웨이(백스윙을 위해 클럽헤드를 뒤쪽으로 서서히 움직이기 시작하는 동작), 백스윙 톱과 다운스윙 등이 그것이다.

여기까지의 동작은 볼을 똑바로 보내기 위해 클럽헤드가 백스윙 때 올라갔던 길로 내려와야 한다는 의미다. 이 과정에서 거리와 방향이 대부분 결정된다고 해도 과언이 아니다. 스윙의 궤도에 의해 샷의 성공 여부를 미리 알 수 있다는 뜻이다. 많은 골퍼들은 백스윙 톱의 위치를 똑같이 가져가지 못해 애를 먹는다. 어떤 때는 작게, 어떤 경우는 너무 커서 오버스윙 형태가 되고 만다. 예컨대 이상적인 백스윙 톱 위치를 100이라고 했을 때 90정도까지 올리면 다운스윙 때 10만큼의 힘을 더 쓰게 되면서 미스 샷을 내고 만다. 몸이

전쟁을 하기 전에 전쟁에서 이길 수 있는지를 미리 아는 길이 다섯 가지 있는데
그 네 번째가 '사전에 항상 경계하고 조심해서 방어태세에
빈틈을 보이지 않고 차근차근 준비를 하면 승리한다' 는 것이다.
골프에 있어서 승리에 대한 예지는 볼을 쳐내기 전,
즉 스윙 임팩트 직전까지의 완벽한 과정에서 판가름난다고 할 수 있다.

경직되고 클럽헤드가 열리거나 너무 닫히면
서 방향성이 나빠지는 것이다. 골프 격언 가
운데 '백스윙만 1년 해야 한다' 는 말이 있
다. 정상적인 풀 스윙의 경우 백스윙 때 항
상 일정한 위치까지 들어올려 줘야 일관된
거리와 방향을 얻을 수가 있다.

26 설계자 의도 파악을

攻基無備
出其不意
공기무비
출기불의

상대방이 방심을 하거나 또는 설마 하고 준비를 소홀히 하고 있을 때를 놓치지 말고 즉시 공격해야 승리할 수 있다는 의미로 「계(計)」편에 나오는 말이다.

골프 코스에는 여러 가지 설계자의 의도가 숨어 있다. 예를 들어 파4홀의 경우 일반적인 보기 플레이어가 5타로 홀 아웃 하는 것은 크게 어렵지 않지만 파로 마무리하기가 무척 힘들다. 티 샷과 세컨드 샷을 실수 없이 정말 잘 쳐야 하고 그린에서도 두 차례의 안정된 퍼팅을 해야만 한다.

티 샷을 잘못하면 페어웨이를 벗어나 좌우측 러프로 들어가거나 페어웨이 가운데라도 볼이 떨어질 만한 곳에 만들어 놓은 커다란 벙커에 빠지고 만다. 발목까지 푹푹 빠지는 러프에서는 볼을 찾기도 어려울 뿐만 아니라 쳐내기도 힘들게 된다. 이럴 때는 거리에 따른 클럽 선택보다도 일단은 러프나 벙커에서 탈출하는 것을 염두에 둬야 한다.

파4홀 러프나 페어웨이 벙커에서 탈출할 때 요긴하게 쓰이는 클럽은 5번 우드다. 헤드 솔(바닥)부분에 무게를 넣어 긴 풀이나 모래의 저항을 아이언보다 적게 받기 때문이다.

거리에 관계 없이 볼을 약간 오른발 쪽에 위치시키고 그립을 짧게 내려 잡

상대방이 방심을 하거나 또는 설마 하고 준비를 소홀히 하고 있을 때를 놓치지 말고 즉시 공격해야 승리할 수 있다는 의미로 골프 코스에는 여러 가지 설계자의 의도가 숨어 있다. 코스 설계자가 의도한 대로 함정에 빠졌다면 여러 가지 방법을 동원해 탈출하는데 역점을 두도록 한다.

는다. 볼을 날카롭게 쳐내기 위해 백스윙 때는 손목을 과감하게 꺾음으로써 클럽을 가파르게 들어 올려준다. 다운스윙 역시 강하게 볼을 향해 가격해줘야 한다.

평상시 5번 우드가 180야드 정도 간다면 짧게 잡고 러프에서 칠 때는 140~150야드 정도 날아간다고 보면 된다. '온그린' 보다는 페어웨이로 되돌아가는 것이 우선이므로 거리 욕심을 버리고 정확한 가격으로 '다음 샷' 을 생각하는 플레이가 스코어에 도움이 된다.

다시 한 번 강조하지만 코스 설계자가 의도한 대로 함정에 빠졌다면 여러 가지 방법을 동원해 탈출하는데 역점을 두도록 한다.

주위 도움받아야 발전

任勢者 基戰人也 如轉木石,
故善戰人之勢 如轉圓石於千 仞之山者 勢也
임세자 기전인야 여전목석,
고선전인지세 여전원석어천 인지산자 세야

「병세(兵勢)」편에 나오는 말이다. 싸움을 잘하는 사람은 전쟁을 할 때 병사들을 목석처럼 부릴 줄 안다. 고로 기세를 잘 만들어 전쟁을 잘하는 사람은 마치 둥근 돌을 천길이나 되는 높고 가파른 산꼭대기에서 굴려내릴 때와 같이 걷잡을 수 없으니 이것이 세이다.

세(勢)란 집단을 구성하고 있는 개인의 힘이 충분히 발휘할 수 있도록 하는 것이다. 폭포를 두고 지은 시 중에 '마침내는 바다로 갈 것을 어찌 그리 급한가. 근원이 높은 산에 있기에 기세가 있어 머물고 싶어도 머물 수가 없구나' 라는 것이 있다.

타이거 우즈도 세계 1인자가 되기까지 그의 주변에는 높은 산들이 있었다. 기술을 가르쳐 주던 부치 하먼, 골프 심리를 담당했던 아버지 얼 우즈, 기초 체력을 다져주는 트레이너, 좋은 체력을 유지하기 위한 영양사와 컨디셔너…, 코스에서 그의 기량을 충분히 발휘할 수 있도록 코스 공략법을 상의하던 콧수염의 캐디 마크 코완 등 많은 산들이 우즈라는 물이 세상에 세차게 흘러갈 수 있도록 만들어준 것이다. 많은 골퍼들이 현재보다 더 잘 치고 싶은 욕망은 가지고 있으나 혼자서 모든 것을 해결하려 하기 때문에 많은 시행착오

기세를 잘 만들어 전쟁을 잘하는 사람은
마치 둥근 돌을 천길이나 되는 높고 가파른 산꼭대기에서
굴려내릴 때와 같이 걷잡을 수 없으니 이것이 세이다.
세(勢)란 집단을 구성하고 있는 개인의 힘이 충분히 발휘할 수 있도록
하는 것이다. 가까운 연습장에 나가 비슷한 체격의 프로와
차라도 한 잔 마시면서 자신의 골프 발전방법을 모색하면
보다 쉬운 방법을 찾을 수 있다. 골프는 스승과의 세가 만들어 낸다.

를 거치고 좌절하는 경우가 많다. 가까운 연
습장에 나가 비슷한 체격의 프로와 차라도
한 잔 마시면서 자신의 골프 발전방법을 모
색하면 보다 쉬운 방법을 찾을 수 있다. 골
프는 스승과의 세가 만들어 낸다.

안 될 땐 기본부터 살펴라

凡戰者 以正合以奇勝
故善出奇者 無窮如天地 不竭如江河
범전자 이정합이기승
고선출기자 무궁여천지 물갈여강하

'모든 전쟁은 정석(정공법)으로 정면대결을 하고 (적의 허점을 발견하게 되면)기도(奇道·변칙)를 써서 승리한다. 고로 변칙을 잘 운영하는 자는 천지처럼 작전이 궁색해지지 않으며 강물처럼 고갈되지 않는다.' 출처는 「병세(兵勢)」편이다.

언뜻 보면 변칙의 이로움을 이야기하는 것 같지만 사실은 정석을 강조하는 구절이다. 변칙은 정공법으로 부딪친 다음에나 필요에 따라 사용하게 되는 것이다. 임기응변인 만큼 어떤 원칙이 있는 것은 아니기 때문이다. 라운드 도중 샷이 흔들릴 때에는 어떻게 해야 할까. 많은 아마추어 골퍼들이 갑자기 미스 샷이 나면 이것저것 조금씩 조정을 하며 순간의 위기를 넘기려 할 때가 많다.

예를 들면 백스윙 때 몸통의 회전을 더 급격히 해준다든지 손목의 코킹을 더 크게 해본다든지, 또는 다운스윙 때 허리 회전을 보다 빠르게 한다든지 하는 것이다. 하지만 이렇게 스윙에다 뭔가 보태다보면 분명 스윙의 전체적인 조화와 리듬, 몸의 균형이 흐트러지면서 라운드 전체를 망쳐버리는 낭패를 경험하게 된다. 샷이 흔들릴 때는 함부로 여러 가지를 고치려 들지 말고,

필드에서 조금 상승세를 타고 있을 때에도
뭔가 더 욕심을 내면서 변칙을 쓰게 되는 수가 있다.
그 순간부터 미스 샷이 연발되는 것은 말할 필요도 없다.
이럴 때에도 가장 빨리 제 페이스를 찾는 방법은 기본기를 살피는 것이다.
어드레스부터 바로잡는 것이 무엇보다 중요하다.

기본으로 돌아가야 빠르게 회복되고 장기적으로도 기량 향상을 기대할 수 있다.

반대로 필드에서 조금 상승세를 타고 있을 때에도 뭔가 더 욕심을 내면서 변칙을 쓰게 되는 수가 있다. 그 순간부터 미스 샷이 연발되는 것은 말할 필요도 없다. 이럴 때에도 가장 빨리 제 페이스를 찾는 방법은 기본기를 살피는 것이다. 어드레스부터 바로잡는 것이 무엇보다 중요하다.

왼손·왼팔 많이 사용해야 슬라이스 방지

終而復始, 日月是也,
死生復生, 四時是也
종이복시, 일월시야,
사생부생, 사시시야

해와 달은 졌다가 다시 떠오르므로 끝남과 시작이 없다. 또 사계절은 해마다 제철이 되면 다시 찾아오므로 자연은 죽고 사는 일이 없다는 뜻으로 「병세(兵勢)」편에 나오는 말이다.

이와 마찬가지로 전략이나 작전도 무궁무진한 것이다.

정공법과 기공법(奇功法)을 적절히 사용하면 무궁무진한 작전을 세울 수 있다. 인류가 골프라는 스포츠를 즐기기 시작한 지난 500여 년 전부터 골프의 레슨은 이어져 왔다.

골프라는 운동은 배운지 3일 만이면 레슨을 한다고 하지 않는가. 약 150년 전의 것으로 추정되는 종이 두루마리로 된 골프 레슨 서적이 발견됐다는데 그것의 주된 내용이 슬라이스였다고 한다. 예나 지금이나 슬라이스 때문에 많은 골퍼들이 애를 먹고 있는 모양이다. 듣는 골프 레슨은 아놀드 파머가 LP레코드 판으로 만들어서 보급한 것이 처음이었다. 아놀드 파머가 슬라이스 퇴치 방법 레슨을 한다면 티칭은 성공하지 않을까. 즉 시대적 사용 어휘만 다를 뿐이지 예나 지금이나 많은 골퍼들의 고민은 바로 슬라이스이기 때문이다. 오른손을 왼손보다 많이, 그것도 거의 주로 쓰다 보면 볼은 오른쪽 정공법과 기공법(奇功法)을 적절히 사용하면 무궁무진한 작전을 세울 수 있다.
인류가 골프라는 스포츠를 즐기기 시작한 지난 500여 년 전부터
골프의 레슨이 이어져 왔다. 왼팔·왼손을 적극적으로 사용하고
그립핑을 할 때 오른손 엄지를 완전히 떼고 스윙을 하면
슬라이스의 반쯤은 금방 고치게 된다.

으로 날아가게 돼 있다.

왼팔·왼손을 적극적으로 사용하고 그립
핑을 할 때 오른손 엄지를 완전히 떼고 스
윙을 하면 슬라이스의 반쯤은 금방 고치게
된다.

스윙 잘 될수록 욕심 버려라

30

塗有所不由 軍有所不擊
城有所不攻 地有所不爭
도유소불유 군유소불격
성유소불공 지유소부쟁

가서는 안 되는 길이 있고 공격해서는 안 되는 군대가 있다. 또한 공격해서는 안 되는 성이 있다. 길이 있으면 그곳을 경유해 행진하는 것이 상식적으로 가장 편리한 방법일 것이다. 그러나 적은 때때로 상식을 계략으로 사용하기도 하므로 유의해야 한다. 같은 이치로 공격해야 할 때를 알아야 하고 공격할 성과 공격하지 말아야 할 성을 구분해야 하며, 또 너무 넓고 지킬 수도 없는 땅은 점령할 필요가 없다는 사실을 손자는 「구변(九變)」편에서 강조하고 있다.

필드에서 어쩌다 한 번 하게 된 버디는 골퍼를 의기양양하게 만든다. 결국 다음 홀에서 보기나 더블 보기를 범하는 경우가 다반사다. 그래서 소위 '버디 값 한다'는 말도 있다.

이는 대부분 요행에 가까운 결과를 자신의 실력 덕분인 양 생각하고 능력 이상의 욕심을 내기 때문이다. 물론 좀 더 잘해보려고 하는 의도겠지만 결과적으로는 스윙 메커니즘에 변동을 가져와 화를 자초하게 되는 것이다.

뭔가 '좀 더' 해보려고 하면 의지와 상관 없이 백스윙이 커지거나 빨라지고 오른손과 오른쪽 어깨에 힘이 들어가면서 백스윙–다운스윙의 전환이 급

필드에서 어쩌다 한 번 하게 된 버디는 골퍼를 의기양양하게 만든다.
결국 다음 홀에서 보기나 더블 보기를 범하는 경우가 다반사다.
그래서 소위 '버디 값 한다' 는 말도 있다. 버디 뒤에는 더 잘해보려는
욕심을 갖지 말고 그저 파 행진을 이어가겠다는 생각으로
편안하게 플레이를 하다 보면 의외로 찬스가 이어지게 된다.

격하게 일어나 뒤땅치기나 얇게 때리는 샷이 나오기 쉽다.

이처럼 좋은 샷 뒤에 갑자기 몸에 힘이 들어갈 때는 스윙을 바꾸는 것보다는 욕심을 버리는 것이 바람직하다. 등에 골프백을 짊어지고 힘들게 스윙을 하다가 내려놓고 클럽을 휘두르는 것과 같은 느낌을 상상하면 크게 도움이 된다. 버디 뒤에는 더 잘해보려는 욕심을 갖지 말고 그저 파 행진을 이어가겠다는 생각으로 편안하게 플레이를 하다 보면 의외로 찬스가 이어지게 된다.

몸 전체로 스윙

軍政曰 言不相聞故爲金鼓

視不相見故爲旌旗 夫金鼓旌旗者 所以一人之耳目也

군정왈 언불상문고위금고

시불상견고위정기 부금고정기자 소이일인지이목야

"군정이라는 병서는(큰 군대를 움직일 때) 말소리로는 다 들리도록 할 수 없기 때문에 징과 북을 쓰며 손짓으로는 모든 사람에게 신호할 수 없어서 빛깔과 모양이 다른 깃발을 사용한다. 북과 깃발 등은 병사의 이목을 끌기 위한 것이다"라고 말한다.

「군쟁(軍爭)」편에 나오는 구절이다. 이후 밤에 싸울 때에는 필요 이상의 횃불을 밝히고 요란하게 북을 울리며 낮에는 필요 이상으로 많은 깃발을 써서 집단의 힘을 상대에게 과시해야 한다는 내용이 따른다.

혼자만 용감하게 적진을 향해 돌진한다고 전쟁에서 승리하는 것은 아니다. 여럿이 모여 뭉쳐지면 큰 힘이 나올 수 있다. 일사불란하게 한 덩어리로 움직일 때 비로소 군대의 강력한 전력이 발휘되는 것이다. 힘을 과신하고 손과 팔의 힘만으로 볼을 쳐내려는 것은 혼자 적진으로 뛰어드는 것과 같다.

좋은 샷은 견고하게 딛고 선 양발을 토대로 전체적인 체중이동과 균형으로 파워를 만들고 허벅지와 허리 등 큰 근육을 이용한 몸통의 순간적인 회전력이 가해졌을 때 가능한 것이다. 양팔은 여기서 발생한 파워를 손까지 전달하는 지렛대 역할을 해주게 된다. 양손은 몸과 클럽을 연결하면서 다운스윙과

여럿이 모여 뭉쳐지면 큰 힘이 나올 수 있고 일사불란하게
한 덩어리로 움직일 때 비로소 군대의 강력한 전력이 발휘되는 것이다.
힘을 과신하고 손과 팔의 힘만으로 볼을 쳐내려는 것은
혼자 적진으로 뛰어드는 것과 같다.
스윙도 뭉치면 살고 흩어지면 죽는 것이다.
스윙은 전신의 연쇄적인 과정이 융합한 동작이기 때문이다.

임팩트 때 클럽헤드가 목표 방향으로 움직일 수 있도록 인도하는 일을 한다.
손과 팔에 힘을 쓰지 않더라도 회전력이 자연스럽게 전달만 되면 클럽헤드는
손의 속도보다 최소 4배 이상의 속도로 운동하면서 거리를 만들어 낸다.

스윙도 뭉치면 살고 흩어지면 죽는 것이다. 스윙은 전신의 연쇄적인 과정
이 융합한 동작이기 때문이다.

효율적인 연습 습관 가져야

凡治衆如治寡 分數是也
鬪衆如鬪寡 刑名是也
범치중여치과 분수기야
투중여투과 형명시야

'적은 병력을 통치하듯이 대규모의 병력을 통치하려면 군대의 효율적인 진형과 정확한 의사소통이 중요하다.' 손자가 「병세(兵勢)」편에서 편제의 중요성을 강조해서 한 말이다.

아무리 많은 인원을 가진 부대라 하더라도 적은 수의 부대를 움직이듯 효과적으로 지휘하기 위해서는 부대 편성이 잘 돼 있어야 한다. 그래야 조직적이고 일사불란하게 전쟁을 치를 수 있는 것이다.

골프백은 보통 드라이버를 포함한 우드 3개, 아이언 7~8개, 웨지 2~3개와 퍼터 등 14개의 클럽으로 채워지게 된다. 그러나 실제 라운드를 하다 보면 한 번도 사용하지 않은 클럽들이 절반은 되는 경우가 많다.

처음 골프를 배울 때 7번 아이언으로 '똑딱 볼'을 치면서 볼 맞히는 감각을 배우고 스윙 폼도 익혔던 기억이 있을 것이다. 연습장에 들어서서 7번 아이언만 뽑아 들면 어쩐지 자신감이 생기기도 한다.

이것이 클럽에도 편제가 필요한 이유다. 클럽은 크게 ▲거리를 내는 드라이버 ▲세컨드 샷에 자주 걸리는 7번 아이언 ▲그린 주변에서 요긴한 어프로치 웨지 ▲마무리용 퍼터로 나눌 수 있을 것이다.

'적은 병력을 통치하듯이 대규모의 병력을 통치하려면
군대의 효율적인 진형과 정확한 의사소통이 중요하다.'
손자가 「병세(兵勢)」편에서 편제의 중요성을 강조해서 한 말이다.
잘 안 맞는다고 클럽을 의심하기에 앞서
효율적인 연습 습관을 가져왔는지 먼저 살펴보는 것이 어떨까.

연습장에서는 이들 4가지 그룹의 대표 클럽을 집중적으로 연습하는 것이 효율적인 방법이라 할 수 있다. 한정된 시간과 집중력을 가지고 14개 클럽을 모두 연습하는 것은 비능률적이며 실전에서도 그다지 도움이 되지 않는다.

그 그룹의 다른 클럽은 약간의 운동신경에 의해 거의 큰 조정 없이 잘 사용하게 될 것이다.

잘 안 맞는다고 클럽을 의심하기에 앞서 효율적인 연습 습관을 가져왔는지 먼저 살펴보는 것이 어떨까.

퍼팅 연습도 정성을 다해야

兵衆孰強 士卒熟練
賞罰孰明 吾以此知勝負矣
병중숙강 사졸숙련
상벌숙명 오이차지승부의

'병사들이 충분히 장비를 잘 강화했는지, 군사들이 잘 훈련돼 있는지, 상과 벌이 공명정대하게 주어지는지 등으로 미뤄보면 전쟁의 승패를 알 수 있다' 는 의미다. 전쟁에 영향을 미치는 근본적이고 확실한 항목이 있는 데 이것에 적용 · 비교 · 계산해보면 승부를 충분히 알 수 있음을 강조하고 있다.

국내 프로야구에서 도루와 재치 있는 플레이로 유명한 J선수는 한 해에 유니폼 바지를 50벌이나 소비한다고 한다. 수없이 넘어지고 뒹구느라 닳아 빠지기 때문이다. 볼이 잘 맞는다 안 맞는다 푸념하는 우리는 과연 장갑을 몇 장 정도 닳게 해 없애고 있는지 돌아보게 하는 대목이다.

샷 연습도 중요하지만 오늘 강조하고자 하는 것은 퍼팅 연습이다. '퍼팅은 잘 되는 날도 있고 안 되는 날도 있는 것이지 연습한다고 실력이 늘까' 또는 '퍼팅은 미스 샷이 없으니까 연습할 필요가 없어' 하는 식으로 생각하는 골퍼들이 허다하다.

라운드라는 전쟁에서는 ▲일단 포격(드라이버 샷)으로 적진을 쑥대밭이 되게 만들고 ▲탱크(아이언 샷)를 앞세운 공격으로 ▲적진 깊숙이 밀고 나가고 (온그린) ▲목적지(그린)에 도달하지 못했을 경우는 박격포(웨지 어프로치 샷)

샷 연습도 중요하지만 '퍼팅은 잘 되는 날도 있고 안 되는 날도 있는 것이지 연습한다고 실력이 늘까' 또는 '퍼팅은 미스 샷이 없으니까 연습할 필요가 없어' 하는 식으로 생각하는 골퍼들이 허다하다.

중요한 퍼팅에 대해 새로운 지식을 시시각각 받아들이고 완전히 숙련하는 것이야말로 최고의 골퍼로 가는 지름길이다.

로 잔당을 진압하며 ▲일사불란하게 숙달된 보병(퍼팅)이 목표를 향한 마지막 공격을 퍼부어 승리를 쟁취하게 된다.

최후 깃발을 꽂는 것은 그 누구도 아닌 보병인 것이다.

이렇게 중요한 퍼팅에 대해 새로운 지식을 시시각각 받아들이고 완전히 숙련하는 것이야말로 최고의 골퍼로 가는 지름길이다.

퍼터는 일당 십삼이라 할 수 있는 강력한 클럽이다. 누가 퍼팅을 가볍게 볼 것인가.

클럽은 여유있게 선택하라

故曰 勝可知而不可爲
不可勝者守也 可勝者攻也 守卽不足
고왈 승가지이불가위
불가승자수야 가상자공야 수즉부족

'고로 승리를 예견할 수는 있지만 승리를 장담할 수는 없다. 승리가 어려우면 수비를 하라. 승리가 가능하면 공격을 하라. 수비는 전력이 부족할 때 한다.'「군형(軍形)」편에 보이는 구절이다.

관찰·측정을 해보면 적을 이길 수 있을지 없을지를 알 수 있다. 수세냐 공세냐 하는 것은 이쪽과 저쪽의 힘의 균형에 의한 것으로 열세라고 생각됐을 때는 섣불리 오기를 부려 패자가 되는 것보다 수세를 취하는 것이 하나의 방편일 수 있다. 반드시 승리할 수 있다는 확신이 있어 실행에 옮겨야만 전쟁에서 이기는 것이다.

150야드 거리를 남겨둔 지점에서 캐디에게 8번 또는 9번 아이언을 요구할 때 동반자가 다 들을 정도로 기세 좋게 말하는 경우가 있다. 그렇지만 이 경우 실수 없이 최대한 잘 맞아야 정확히 그 거리를 날릴 수 있다는 것을 잘 알고 있다. 그래서 무리한 스윙이 시작된다.

백스윙을 빠르게 해야 강한 임팩트를 만들 수 있다는 생각으로 양쪽 다리가 무너지도록 냅다 뒤로 가져가버린다. 그리고 이내 더 빠른 속도로 다운스윙을 해 미스 샷이 나오게 된다. 그립을 꽉 잡고 클럽을 가파르게 휘두르면

무엇이든지 넉넉한 상태에서 일을 행해야 실수가 나오지 않는 법,
생각보다 한 클럽 정도 길게 선택해서 여유 있는 연습 스윙으로
감각을 만들고 볼 앞에 다가선 뒤 편안하게 스윙을 해주면
오히려 자신감 있는 샷을 하게 되고 성공 확률도 높아지게 될 것이다.

뒤땅치기나 볼의 허리 부분을 치는 얇은 샷이 나오게 된다.

무엇이든지 넉넉한 상태에서 일을 행해야 실수가 나오지 않는 법, 생각보다 한 클럽 정도 길게 선택해서 여유 있는 연습 스윙으로 감각을 만들고 볼 앞에 다가선 뒤 편안하게 스윙을 해주면 오히려 자신감 있는 샷을 하게 되고 성공 확률도 높아지게 될 것이다.

숙달될 때까지 스윙 바꾸지 말아야

故軍之所以患於君者三
… 進… 退… 是謂麇軍
고군지소이환어군자삼
… 진… 퇴… 시위미군

'군이 임금으로 인해 어려움을 당하는 일이 세 가지가 있으니 군대가 전진해서는 안 되는 줄을 모르고 진격을 명령하는 것과 군의 퇴각이 불가능한 것을 모르면서 후퇴를 명하는 것이다. 이러한 군대를 속박당한 군대라고 한다.' 「모공(謀攻)」편에 나오는 구절이다. 장수의 능력도 위대하지만 장수를 어떻게 잘 쓰는가 하는 것은 군주에게 달려 있다. 군을 속박시켜 군의 행동을 얽어매어 놓으면 결국 힘없는 군대가 돼버린다.

많은 아마추어 골퍼들이 어쩌다 잘 맞아나간 한 번의 샷 때문에 그동안 수많은 반복에 의한 숙달된 샷을 한순간에 바꿔버리고 만다.

아마추어 골퍼들이 프로와 차이가 나는 것은 연습과 라운드에 대한 시간적인 투자가 미흡하기 때문이라는 측면이 있을 수 있다. 하지만 가장 결정적인 이유는 연습에 있다. 프로 골퍼들은 하나의 샷과 스윙을 몸에 익힐 때까지 같은 동작과 모습을 수없이 반복해서 연습한다. 잠시 감각이 다른 샷이 나와 행여 변형된 샷의 유혹이 있어도 한 번 선택된 스윙의 방법을 도중에 바꾸지 않고 몸에 숙달될 때까지 수만 번 이상 반복한다.

그러나 대부분의 아마추어 골퍼들은 연습량이 부족한데다 스윙을 생각에

우리 몸에서 머리가 임금이면 몸은 장군에 속한다. 훌륭한 장군이
그 기량을 펼칠 때까지 임금은 진퇴를 결정하지 않는 것이 바람직하다.
일단 맡겼으면 믿어야 한다.

만 의존해 몸에 숙달되기도 전에 계속해서 다른 것으로 바꿔버린다. 때문에
보다 성공적인 스윙을 만들어내지 못하게 되는 것이다.

우리 몸에서 머리가 임금이면 몸은 장군에 속한다. 훌륭한 장군이 그 기량
을 펼칠 때까지 임금은 진퇴를 결정하지 않는 것이 바람직하다. 일단 맡겼으
면 믿어야 한다.

짧은 홀일수록
상황분석 철저히

敵近而靜者 恃其險也
遠而挑戰者 欲人之進也
적근이정자 시기험야
원이도전자 욕인지진야

「행군(行軍)」편에 나오는 이야기로 '거리가 가까운데도 적이 조금도 동요하지 않는 것은 그들이 있는 곳이 공격에 충분히 대항할 만한 요새지라는 것을 믿고 있기 때문이며 먼 거리에서 도전적이 되는 것은 그들의 의도대로 나오게 해 중간에서 습격하려는 목적이 있기 때문이다' 라는 뜻이다.

골프를 하다보면 의외의 곳에서 생각지도 못했던 스코어를 만들고 마는 경우가 있다. 그러다가 싱글 스코어는 물론 90대도 제대로 깨지 못하는 경우 말이다.

300m가 겨우 넘거나 혹은 약간 모자라는 파4의 홀, 이런 홀은 누가 봐도 버디 홀이다. 그러나 막상 공략하다 보면 분명 수많은 함정에 빠지게 마련이다. 우선 티 박스가 코스의 페어웨이 좌우 경사에 따라 슬라이스 또는 훅성 라이로 만들어져 있다. 가끔 캐디가 "여기는 슬라이스 라이니 조심하세요"라고 말을 하지만 우리는 쉽게 지나쳐버리고 그저 연습장 평면에서 치듯이 하고 만다.

코스 중간에는 약간의 구릉 뒤에 벙커나 워터 해저드, 깊은 러프 등이 숨어 있다. 특히 티 샷이 떨어질 만한 곳, 좌우측에는 영락없이 페어웨이를 따라 긴 벙커가 있게 마련이고 그린은 포대 그린으로 가운데가 불룩 올라와 있어 그린에 볼이 떨어져도 밖으로 굴러나가 버리는 경우가 허다하다.

퍼터나 어프로치 웨지로 다시 볼을 갖다 붙여보려고 하지만 깃대를 향해 떨어진 볼은 홀로부터 얼토당토않게 멀어져 가 버디는커녕 보기, 더블보기 이상의 스코어도 기록하게 만든다.

짧은 홀일수록 얕보지 말고 앞의 상황을 분석해 안전책으로 공략해 가는 것이 마지막 스코어 합산에 큰 도움이 된다. 적의 상황을 살펴 그 목적을 읽어 내는 것이 손자병법이다.

연습은 꾸준히···
전략은 계절에 맞게

天者
陰陽寒暑時制也
천자
음양한서지제야

「계(計)」편에 보이는 구절로 '하늘의 기상 조건이란 어둠과 밝음, 추위와 더위, 계절의 변화에 따른 제어 능력이다' 라는 의미다.

음양이라고 하는 것은 밤이 지나면 밝은 아침이 오고 날이 저물면 또 다시 어두운 밤이 온다는 것이다. 비바람이 칠 때면 어둡고 맑게 갠 날은 한없이 밝다. 밝고 어두운 것이 많은 사람의 심리와 일의 성패에 막대한 영향을 미친다는 것이다.

손자병법은 싸우지 않고 이기는 법을 가르쳐주는 철학서이다. 말이 병법이지 이것도 도덕의 도(道), 전쟁 준비와 전쟁 수행 중의 기후·기상을 뜻하는 천(天), 적을 유인할 것인지 적진으로 진군해야 할 것인지를 결정하는 지(地), 그리고 용맹스러운 군대와 그 군대를 이끌어가는 지휘자를 이르는 군(軍), 전쟁 수행 중의 상벌과 질서에 관한 법(法) 등을 아우르는 것이다. 이들이 조화를 이룰 때 전쟁을 이기는 길이요, 세상을 살아가는 처세요, 기업에는 성공적인 경영지침이 될 수 있음을 알려 주고 있다.

골프에 있어서는 자신의 체력으로 최고 기량을 낼 수 있는 계절이 분명 존재한다. 그러나 의식하지 않아도 자연스럽게 샷이 나올 수 있을 정도의 충분

골프에 있어서는 자신의 체력으로 최고 기량을 낼 수 있는 계절이
분명 존재한다. 그러나 의식하지 않아도 자연스럽게
샷이 나올 수 있을 정도의 충분한 연습과 코스의 난이도에 따라
공략 계획을 세우는 매니지먼트 등을 통해 '天'의 변화에 따른 제어가
어느 정도 가능해지는 것이다. 언제든지 실력이 발휘되도록
충분히 연습을 하고 계절 변화에 따른 코스 공략 계획 등을
효과적으로 구사한다면 연중 자신의 기량을 유지할 수 있게 된다.

한 연습과 코스의 난이도에 따라 공략 계획을 세우는 매니지먼트 등을 통해 '天'의 변화에 따른 제어가 어느 정도 가능해지는 것이다.

　세계 최고의 선수 타이거 우즈는 참가해야 할 대회 장소의 기후에 따라 체력과 연습량 등을 안배하고 전략을 세운다고 한다. 그가 그저 볼만 잘 쳐서 정상에 선 것은 아닌 것이다.

　언제든지 실력이 발휘되도록 충분히 연습을 하고 계절 변화에 따른 코스 공략 계획 등을 효과적으로 구사한다면 연중 자신의 기량을 유지할 수 있게 된다.

라운드 전
홀 공략 등 전략 수립을

是故 百戰百勝 非善之善者也
不戰而屈人之兵 善之善者也
시고 백전백승 비선지선자야
부전이굴인지병 선지선자야

38

'많은 싸움에서 이긴다는 것은 누구나 바라는 일이나 최고의 것은 아니며 싸우지 않고 상대의 굴복을 받아내는 것이 최선이다' 라는 의미로「모공(謀攻)」편에 나오는 구절이다.

전쟁에 있어서 전투, 즉 싸우는 행위는 최후의 수단에 불과하다.

한나라를 건국한 유방은 역이기라는 뛰어난 유세가를 제나라에 보내 제나라 군사들이 귀순해오도록 만들었다. 그리하여 싸우지 않고도 군사력을 더 강하게 만들 수 있었다.

우리는 누구나 다른 사람보다 골프를 더 잘하길 바란다. 그렇기 때문에 라운드 도중이나 라운드를 마친 뒤에는 자신의 플레이나 스코어에 일희일비한다. 그러나 냉정하게 생각해보면 대개는 자신의 능력보다도 더 나은 스코어를 기대했기 때문에 속상해하는 경우가 많다.

아무리 '운칠기삼' 이라는 말에 귀가 솔깃하지만 사실 운도 기술이 있어야 나오는 것이다. 이번 주말 라운드가 있다고 하면 무작정 코스와 부딪히기보다는 먼저 그 골프장의 코스를 철저히 분석해 홀별 공략 계획을 세워야 한다.

타수는 '체력×기술×심리×집중력'이라는
기본 공식에서 나온다는 것을 기억하자.
어느 것 하나라도 1보다 적으면 더 못해지고 하나라도 0이면
그 결과가 0이 되고 마는 것이다. 프로도 아마추어도 예외가 없다.

자신의 드라이버 샷 거리, 아이언 거리의 일관성, 벙커 샷과 어프로치 샷 능력 등을 객관적으로 판단하고 전략을 짜야 한다. 특히 그린 경사 읽기, 정확한 퍼팅 스트로크 등을 평소에 착실히 연습해 둬서 자신감이 쌓이도록 하는 것이 중요하다. 스코어카드(결과)는 다음을 위한 중간 점검표 정도로만 생각하도록 한다.

타수는 '체력×기술×심리×집중력'이라는 기본 공식에서 나온다는 것을 기억하자. 어느 것 하나라도 1보다 적으면 더 못해지고 하나라도 0이면 그 결과가 0이 되고 마는 것이다. 프로도 아마추어도 예외가 없다.

훈수 '나만의 스윙·리듬'에 백해무익

亂生於治 怯生於勇 弱生於强
治亂數也 勇怯勢也 强弱形也
난생어치 겁생어용 약생어강
치란수야 용겁세야 강약형야

"엄정한 질서 속에서도 혼란이 일어나고 용맹 속에서도 비겁이 생겨나며 굳센 가운데서도 나약함을 보일 수 있다. 질서와 혼란은 지휘 능력에 달려 있으며 용맹과 비겁은 기세에 달려 있고 굳셈과 나약함은 상황 연출에 달려 있다"는 의미로 「병세(兵勢)」편에 실린 구절이다.

이는 잘 다스려 평온한 통제 속에서도 하찮은 계기로 인해 혼란에 빠지는 수가 있으니 항상 조심해서 관리해야 한다는 뜻이다.

특히 골프에서도 그동안 열심히 연습을 해서 어떤 기술이 몸에 익을 때쯤이면 영락없이 만나게 되는 불청객이 누구에게나 있게 마련이다. 옆에서 두는 '훈수'가 바로 그것이다. 보다 더 잘 될 것이라는 기대에 그 순간 훈수를 취하게 되면 그때 한두 번은 잘 될 수 있다. 그러나 결과적으로는 그동안 많은 연습으로 만들어진 스윙과 리듬, 타이밍이 단번에 무너져버리게 된다.

모든 것이 헝클어지고 무너지면서 이것도 저것도 아닌 샷이 돼버리고 만다. 한동안 예전의 감각을 찾아내지 못하고 심지어 어이없는 생크(shank·헤드와 샤프트 연결부위에 볼이 맞는 미스 샷의 일종)까지 나오게 된다.

골프 기술은 철저히 자기 중심적으로, 처음 제대로 배워 내 식대로 몸에

골프 기술은 철저히 자기 중심적으로, 처음 제대로 배워 내 식대로 몸에 익은 스윙이 스코어를 줄여나가는 데에 큰 도움이 된다. 조그만 일로 큰 혼란이 일어나게 되면 스윙에 미치는 영향이 엄청나게 커지고 다시 감각을 찾아내기까지는 수많은 시간과 노력이 필요하다.

익은 스윙이 스코어를 줄여나가는 데에 큰 도움이 된다. 조그만 일로 큰 혼란이 일어나게 되면 스윙에 미치는 영향이 엄청나게 커지고 다시 감각을 찾아내기까지는 수많은 시간과 노력이 필요하게 된다.

우리 몸은 독특하게도 좋은 것은 익히는 데 오래 걸리고 나쁜 것은 순식간에 취하는 경향이 있으므로 각별히 주의해야 한다. 함부로 남에게 훈수하는 것도 삼가자.

능력 밖 플레이가 스코어 망쳐

險形者 我先居之 必居高陽以待敵
若敵先居之 引而去之 勿從也
험형자 아선거지 필거고양이대적
약적선거지 인이거지 물종야

'험한 지형에서 이쪽이 먼저 점령할 경우에는 가능한 한 지대가 높고 남쪽을 향해 밝은 곳을 골라 진을 치고 적이 습격해오기를 기다리는 것이 좋다. 반대로 적이 먼저 점령하고 있을 경우에는 차라리 그곳에서 철수해 이를 빼앗으려고 시도하지 않는 것이 좋다. 무리한 계획은 처음부터 세우지 않는 것이 현명하다.' 출전은 「지형(地形)」편이다.

골프에서는 '셀프 핸디캡'이라는 게 있다. 자신에게 핸디캡을 줌으로써 실패했을 경우 또는 욕구가 충족되지 못했을 때 그 충격을 완화시켜주는 일종의 자기방어 수단이다. 라운드 전에 여러 가지의 조건에 맞는 스스로의 스코어 목표치를 주는 것을 말한다. 특히 컨디션이 좋을 경우는 생각보다 좋은 스코어를 미리부터 떠올리게 되므로 경계해야 한다.

전반·후반으로 나눠 플레이를 하다 보면 의외로 좋은 스코어로 전반 9홀을 마무리 짓는 경험을 하게 된다. 문제는 여기서부터 발생한다. 자신의 베스트 스코어를 내거나 난생 처음으로 '7자'를 그릴 수 있겠다는 욕심이 생기면서 무리한 공략을 시도하게 되는 것이다. 처음 100이나 90타를 깰 때도 마찬가지다. 그러나 대개는 실패하기 십상이다. 골프는 확률의 게임이기 때문

골프에서는 '셀프 핸디캡'이라는 게 있다. 자신에게 핸디캡을 줌으로써 실패했을 경우 또는 욕구가 충족되지 못했을 때 그 충격을 완화시켜주는 일종의 자기방어 수단이다. 라운드 전에 여러 가지의 조건에 맞는 스스로의 스코어 목표치를 주는 것을 말한다. 그런데 특히 컨디션이 좋을 경우는 생각보다 좋은 스코어를 미리부터 떠올리게 되므로 경계해야 한다.

이다. 자신의 능력 안에서 플레이할 때 성공 확률이 높은 법이다. 기량의 한계를 벗어난 무리한 공략은 미스 샷을 불러오고 좋았던 리듬과 템포를 잊어버리게 만든다. 게임이 끝날 때까지 마음만 바쁘지 목표했던 스코어와는 점점 거리가 멀어진다.

'셀프 핸디캡'을 여유 있게 부여하면서 조그만 성공에 흥분해 무리하지 않도록 마음을 다스리는 것이 필요하다. 전반보다는 후반에 체력적 소모와 심리적 흥분이 더 크다는 점을 기억해야 한다. 무리하면 탈 난다.

모기 샷은 점수와 무관…
자제해야

合於利而動 不合於利而止
亡國不可而復存 死者不可而復生
합어리이동 불합어리이지
망국불가이부존 사자불가이부생

'군주와 장수는 국가의 전체 이익에 합치된 때라야 군사를 움직일 것이요, 그렇지 않은 경우에는 즉시 중지해야 한다. (앞뒤 분간 없이 전쟁을 시작했다가) 나라가 망하면 다시는 돌이킬 수 없게 되고 죽은 백성이나 군사의 목숨은 영영 다시 살아날 길이 없다' 는 의미다. 「화공(火攻)」편에 실린 구절이다.

골프의 결과는 18홀의 플레이를 마친 뒤 스코어카드에 적혀 있는 숫자로 나타날 뿐이다.

예를 들어 파3홀에서 아이언 티 샷을 잘해 핀 옆에 잘 갖다 붙였지만 아쉽게 퍼트를 실수해 버디를 놓쳤다고 하자. 스코어카드에는 분명 '3' 이라는 숫자가 남을 따름이지 '아까운 파' 라고 씌어지는 것은 아니다.

많은 골퍼들은 티 샷이 약간 빗나가 그린 주변에 떨어졌을 때 로브 샷으로 멋지게 볼을 띄워 핀 옆에 바로 멈춰 세우고 싶은 충동을 느낀다. 그렇지만 충분한 연습으로 날카롭게 볼을 떠낼 수 있는 감각과 완벽한 스윙 크기를 갖춘 경우가 아니라면 보기 이상의 나쁜 스코어를 내기 십상이다. 물론 돌이킬 수는 없다.

오히려 거리만 맞춰주면 되는 퍼터를 잡는 것이 훨씬 현명한 방법이다. 이 골프에서는 '잘된 웨지 샷보다 잘못된 퍼팅이 (결과가) 더 낫다.' 는 격언이 있다. 스코어카드에 '묘기 · 미기' 등은 결코 기록되지 않는다. 자신의 전체적인 기량에 유리할 때만 실행하고 불리하면 포기해야 한다. 감정으로 처리해서는 안 된다.

때는 그린이 시작되는 곳부터 핀까지 거리를 파악한 뒤 프린지(그린 가장자리 부분)에서는 그린 위에서보다 2배 거리로 계산해서 힘을 조절해야 한다. 분명 웨지로 하는 로브 샷보다 성공적인 결과를 얻을 수 있다.

골프에서는 '잘된 웨지 샷보다 잘못된 퍼팅이 (결과가) 더 낫다' 는 격언이 있다. 스코어카드에 '묘기 · 미기' 등은 결코 기록되지 않는다. 자신의 전체적인 기량에 유리할 때만 실행하고 불리하면 포기해야 한다. 감정으로 처리해서는 안 된다.

라운드 내내 볼과 '눈싸움'을

鳥集字虛也 軍擾者將不重也
軍無懸缶不返其舍者窮寇也
조집자허야 군요자장부중야
군무현부불반기사지궁구야

　'적진의 막사 위에 새 떼가 모여 있다면 그 적진은 텅 빈 곳으로 병력이 없다는 징후이며 적의 막사에 연기가 나지 않으면 절박한 상황에 몰려 도주할 준비를 갖추고 있다는 증거이다.' 적에 대한 철저한 관찰의 중요성을 알리는 말로 출처는 「행군(行軍)」편이다.

　골프에서 '십계명'이라 할 만한 사항들 중에서 가장 중요한 것 하나가 바로 "볼에서 눈을 떼지 마라"는 것이다. "헤드업 하지 마라" "볼을 끝까지 봐라"는 말은 아마도 골프가 시작될 때 같이 생겨났지 않았나 싶다.

　스윙을 처음 배울 때 거리를 의식하다 보면 백스윙 때 힘껏 칠 요량으로 온몸에 잔뜩 힘을 준 채 클럽을 들어올리게 된다. 누구나 그러하기 때문에 '힘 빼는 데 3년'이라는 말도 태어나게 됐을 것이다. 백스윙 때 몸에 힘을 주면 양팔과 어깨를 거쳐 목덜미와 머리에 이어지는 근육까지 힘이 들어가 헤드업을 하게 된다.

　백스윙을 하면서 볼을 두 눈으로 봐야 볼과 몸 사이의 정확한 거리감이 맞아떨어져 정확한 히팅이 이뤄진다. 특히 몸에 힘을 주면 그 중요한 임팩트 순간에 고개를 들거나 눈을 질끈 감으면서 시각적 입력이 단절되고 만다. 전쟁에서 적의 동태를 예의 주시할 때처럼 스윙 과정 내내 잠시라도 볼에서 눈을 떼지 않아야 좋은 샷이 나온다.

가끔 볼에 눈을 하나 커다랗게 그려넣은 골퍼를 볼 수 있다. 그들은 볼에 그려진 눈과 자신의 눈이 마주보도록 해놓으면 훌륭한 샷이 나오기도 한다고 말한다. 라운드 중에도 항상 볼에 눈이 있다고 상상하고 '눈싸움' 을 벌인다고 생각하면 좋은 스코어가 나올 것이다.

"볼에서 눈을 떼지 마라." 가장 기초적인 것 같지만 백 가지 천 가지 기술보다 유익한 최고의 골프 금언이다.

다음 샷을 생각하라

不知三軍之事 而同三軍之政者
則軍士惑矣 則軍士疑矣
부지삼군지사 이동삼군지정자
즉군사혹의 즉군사의의

'군자가 군대의 사정을 모르고 군대의 행정에 간섭하면 즉시 군사들의 의혹과 의심을 사게 된다'는 의미로 손자병법 「모공(謀攻)」편에 나오는 구절이다.

옛날 중국의 천자는 6군을, 제후는 3군을 두었다. 3군은 제후가 보유한 병력 전체를 말한다. 군의 행정계통을 알지 못하면서 제멋대로 명령을 내리면 군사들이 어떤 지시에 따라야 할지를 몰라 혼선이 빚어지게 될 것이다. 당연히 싸움에서 갈팡질팡하게 되고 심지어 병사들의 불평과 반감을 사게 된다. 모처럼 드라이버 샷을 이상적으로 때렸지만 그 홀 성적이 시원찮았던 기억을 누구나 가지고 있을 것이다. 왜 그럴까. 그때를 떠올려보자.

동반자가 외치는 "굿 샷"이라는 찬사와 스스로의 만족감에 들떠 아무 생각 없이 볼 있는 곳에 다다르는 경우가 대부분일 것이다. 이는 세컨드 샷에 대한 준비가 전혀 되지 않았다는 이야기다. 그린 주변의 장애물 존재 여부, 바람의 방향 등의 정보를 하나로 수집하지 못한 것이다. 그린의 형태와 기울기, 핀의 위치, 핀이 꽂힌 곳의 그린 여유 등은 말할 것도 없다.

이 모든 것을 감안해 클럽을 선택하고 겨냥할 방향을 결정해야 두 번째 샷도 정확하게 날릴 수 있다. 예를 들어 핀이 그린 앞쪽에 꽂혀 있고 그린이 전

'골프에서 가장 중요한 샷은 다음 샷' 이라는 골프 격언이 있다.
이는 단순히 다음 샷을 잘 쳐야 한다는 의미에 그치지 않는다.
다음 샷을 하기 좋은 곳으로 공략하고 샷을 하고 난 뒤
다음 플레이를 위해 철저히 준비해야 한다는 뜻도 담고 있는 것이다.
상황 판단이 없는 샷은 실패를 부른다.

체적으로 오르막이라면 긴 클럽보다는 짧은 클
럽이 안전할 것이다.

　'골프에서 가장 중요한 샷은 다음 샷' 이라는
골프 격언이 있다. 이는 단순히 다음 샷을 잘 쳐
야 한다는 의미에 그치지 않는다. 다음 샷을 하
기 좋은 곳으로 공략하고 샷을 하고 난 뒤 다음 플레이를 위해 철저히 준비
해야 한다는 뜻도 담고 있는 것이다.

　상황 판단이 없는 샷은 실패를 부른다.

그린 주변선 상황따라 변화 줘야

44

凡此六者 地之道也
將之至任 不可不察也
범차육자 지지도야
장지지임 불가불찰야

'지형에는 6가지 종류가 있는데 지형을 미리 살피고 이용해야 승리할 수 있다. 이는 장수의 중대한 임무 중 하나이기도 하므로 지형에 대해 충분한 지식을 갖추고 어느 곳에서든 주의를 기울여야 한다' 손자병법 「지형(地形)」 편에 이른 말이다.

앞서 지형에는 통(通)형·괘(挂)형·지(支)형·애(隘)형·험(險)형·원(遠)형 등의 6가지가 있다고 했다. 장수는 지형을 잘 파악하고 그 형태에 따라 대응책을 세워야 전쟁에서 이길 수 있는 확률을 높일 수 있다.

그린을 향해 샷을 날리다 보면 여러 가지 이유로 그린에 올리지 못하고 주변에 떨어지는 경우가 자주 나온다. 아마추어 골퍼에게 파세이브가 쉽지 않은 상황이다. 자칫 실수라도 하게 되면 보기는커녕 더블보기나 그보다 나쁜 스코어를 기록하기도 한다.

특히 그린 주변에서는 볼이 놓여 있는 상태를 잘 파악하는 것이 최우선이다. 상황에 따라 퍼터로 굴려 올릴 것인지 적당한 거리를 띄워서 간 뒤에 구르는 샷을 할 것인지 결정해야 한다. 그리고 띄워서 보낼 때는 상황에 맞게 쇼트 아이언이나 피칭웨지, 샌드웨지, 로브웨지 등의 클럽 가운데 가장 적절한 지형에는 통(通)형 · 괘(挂)형 · 지(支)형 · 애(隘)형 · 험(險)형 · 원(遠)형 등의 6가지가 있다고 했다. 장수는 지형을 잘 파악하고 그 형태에 따라 대응책을 세워야 전쟁에서 이길 수 있는 확률을 높일 수 있다. 이 같이 골프에서도 지형에 따라 클럽과 전략에 변화를 줄 줄도 알아야 보다 쉽게 핀에 붙여 파로 막을 수 있는 빈도가 높아진다.

것을 선택해야 한다.

　볼이 떨어질 지점이 평지인지 경사지인지도 잘 살펴야 한다. 예를 들어 낙구 위치가 내리막 경사지라면, 좀 더 멀리 보내야 하는 한이 있더라도 샌드웨지처럼 로프트가 큰 클럽으로 평평한 지점까지 보내 떨어진 뒤 바로 멈춰 서도록 하는 것이 좋다. 그래야 볼이 내리막을 타고 멀리 달아나는 것을 막고 오르막 퍼트를 남겨두게 된다. 또 퍼터 헤드가 빠져나가기 힘든 다소 긴 풀 위라면 바닥이 넓은 3번 우드로 치는 칩 샷도 고려해 볼 수 있다.

　지형에 따라 클럽과 전략에 변화를 줄 줄도 알아야 보다 쉽게 핀에 붙여 파로 막을 수 있는 빈도가 높아진다.

스코어의 열쇠는 쇼트 게임

兵之所加
如以碬投卵者 虛實是也
병지소가
여이가투란자 허실시야

「병세(兵勢)」편에 보이는 구절로 '군대가 공격할 때는 숫돌로 계란을 깨는 것과 같이 적의 허실을 잘 알고 있어야 한다'는 의미다.

'단(石+段)'이란 숫돌을 말하는 돌 가운데 가장 단단한 돌이라는 의미다.

그냥 돌로 달걀을 쳐도 그만인데 가장 단단한 돌로써 깬다는 것은 대단한 강조의 표현이다. 군사의 기세는 그래야 한다. 단단하고 훈련된데다 훌륭한 무기까지 갖춘 병사를 이끌고 허술한 군대를 대항해 싸우는 전쟁은 승패를 따져볼 것도 없을 것이다. 이 말은 적의 약점을 재빨리 알아차려 최소의 희생으로 최대의 효과를 얻는 것이 최선의 방법이라는 것이다.

골프백 속에는 14자루의 '전술용 장비'가 있다. 골퍼들은 저 멀리 아득히 보이는 그린에 포격을 가하면서 적진을 점령해나가다가 결국에 이르러서는 적의 완강한 반항으로 인해 그린에 입성조차 못하고 퇴각하는 경우를 무수히 경험한다. 적의 성(그린)은 어쩌다 단번에 함락되는 경우도 있으나 대부분 군사의 고약을 막기 위해 수로, 모래밭, 높은 언덕, 계곡, 경사, 착시효과, 연못 등으로 단단히 무장을 하고 있어 쉽사리 정복을 허락하지 않는다.

성을 단번에 공략하는 것이 무리라고 생각된다면 우선 이 같은 무장지대 굴려서 붙이고(퍼터를 사용하는 텍사스 웨지 샷), 튕긴 뒤 굴려서 붙이고(피치 앤드 런), 띄워서 바로 세우는(로브 샷) 등의 다양한 상황별 쇼트 게임 테크닉을 익혀둘 필요가 있다. 전쟁에서 마지막 점령은 소총 보병의 손에 있듯이 골프의 마지막 승리도 쇼트 게임 기술의 연습과 터득에 있다.

에 걸려들지 않은 뒤 짧은 거리에서 성의 중요 부분에 집중 포화를 쏟으면 될 일이다. 아군의 피해를 최소화하면서 최대의 효과를 얻는 방법이다. 즉 그린 주변을 정확히 판독한 뒤 일단 안전한 곳에다 볼을 보낸 다음 정확한 쇼트 게임 기술로 소위 'OK 거리' 까지 홀에 붙이는 것이다. 쇼트 게임은 철저한 자기 방어 수단이며 방어는 최선의 공격이기도 하다.

굴려서 붙이고(퍼터를 사용하는 텍사스 웨지 샷), 튕긴 뒤 굴려서 붙이고(피치 앤드 런), 띄워서 바로 세우는(로브 샷) 등의 다양한 상황별 쇼트 게임 테크닉을 익혀둘 필요가 있다. 전쟁에서 마지막 점령은 소총 보병의 손에 있듯이 골프의 마지막 승리도 쇼트 게임 기술의 연습과 터득에 있다.

필드 선 장수처럼 생각하라

故將有五危 必死可殺也 必生可盧也
忿速可侮也 廉潔可辱也 愛民可煩也
고장유오위 필사가살야 필생가노야
분속가모야 염결가욕야 애민가번야

손자병법 「구변(九變)」편에 이른 구절로 장군에게 닥칠 수 있는 다섯 가지의 위험에 관해 경계하고 있다. 장수는 필드에 선 골퍼의 머리에 해당한다.

다섯 가지 위험을 골프에 대입시켜보면 다음과 같다.

첫째, 필히 죽기만을 생각한다면 살해될 것이다. 필사적으로 싸우는 것도 중요하지만 한때의 후퇴가 도리어 다음을 기약하는 일이라는 사실 또한 알아야 한다. 무조건 긴 클럽을 빼들고 그린 방향으로 휘둘러 대는 것이 능사는 아니다. 나무가 가려져 있거나 깊은 러프에 빠졌을 때는 일단 옆이나 심지어는 뒤쪽으로라도 페어웨이 위로 레이업을 해야 한다.

둘째, 살아야겠다는 장수는 적의 포로가 되기 쉽다. 아무리 실력이 뛰어난 골퍼라 하더라도 위기는 꼭 만나게 마련이다. '골프는 장갑을 벗어봐야 안다'는 말이 있다. 끝까지 상대에 기죽지 말고 차분히 플레이 해 나가면 그것으로도 상대를 무너뜨릴 수 있다.

셋째, 분노와 조급함으로 나선다면 수모를 당할 것이다. 골프는 속으로는 끓을지언정 겉으로는 절대 표시를 내서는 안 되는 게임이다. 상대에게 내 속을 보여줌으로써 흔들리고 있다는 느낌이 전해지면 상대는 더욱 기세가 등

손자병법 「구변(九變)」편에 이른 구절로 장군에게 닥칠 수 있는
다섯 가지의 위험에 관해 경계하고 있다.
장수는 필드에 선 골퍼의 머리에 해당한다.
만용이 자기 자신의 무덤을 스스로 파기도 하지만
너무 소극적인 플레이도 바람직하지만은 않다.

등해진다.

넷째, 청렴과 결백함을 생각하면 치욕을 당하는 법이다. 장수는 지나치게
완고하면 안 된다. 변화무쌍한 상황을 자유자재로 대처해나가야 하는 것이
다. 플레이를 하다 보면 러프나 나무 밑, 해저드나 벙커 앞 등 많은 트러블
상황을 만날 수 있다. 같은 거리라고 해도 하나의 클럽만 고집하면 위험에
빠질 수 있다. 상황에 따라 14개 클럽 가운데 최적의 것을 선택해 굴릴 것인
지, 띄울 것인지 등을 결정하도록 한다.

다섯째, 병사와 백성을 너무 아끼는 장수는 번민에 빠진다. 해저드를 넘기

는 파3홀에서 새 볼을 아끼느라 미리부터
겁을 먹고 헌 볼을 바꿔 치는 사람들이
있다. 만용이 자기 자신의 무덤을 스스
로 파기도 하지만 너무 소극적인 플레
이도 바람직하지만은 않다.

플레이 할 골프장 따라
연습도 바꿔야

47

故兵無相勢 水無常形 能因敵變化而取勝者 謂之神
故五行無常勝 四詩無常位 日有短長 月有死生
고병무상세 수무상형 능인적변화이취승자 위지신
고오행무상승 사시무상위 일유단장 월유사생

    손자병법 「허실(虛實)」편에 나오는 구절로 '전쟁에는 일정불변한 태세가 없으며 물에도 일정불변한 모양이 없다. 적의 정세변화에 따라 그에 적절한 전략이나 전술을 바꿔가면서 승리를 취하는 자야말로 용병을 잘하는 신이다. 그러므로 오행이 서로 조화되고 균형을 이룰 때 천지만물을 구성할 수 있는 것이다' 라는 뜻이다. 골프에서 적의 정세라면 바로 코스다. 경사진 산악 코스에서 플레이해야 한다면 우선 스탠스의 불균형을 제대로 이해해야 한다. 발끝 내리막, 발끝 오르막, 왼발 내리막, 왼발 오르막, 내리막에 오르막 그린, 오르막에 내리막 그린, 그린의 좌우측 심한 경사 등에 능숙한 스윙을 할 수 있어야 하고 클럽 선택의 가감과 스윙의 크기를 적절히 구사해야 한다.

    또 넓은 구릉지에 홀과 홀 사이를 나무로 경계를 구분한 코스가 있다. 이러한 코스는 보통의 거리 방향의 2차원적인 스윙과 샷의 형태에 높이(나무를 넘겨야 되는 샷)를 추가한 3차원적인 플레이를 요구한다. 혹 페어웨이 방향으로 볼을 제대로 보냈어도 나무 밑으로 굴러가게 되면 다음 샷을 굴리거나 하는 어려운 상황에 닥치게 된다.

    마지막으로 레이크 코스가 있다. 실제 골프장보다도 낮은 곳에 워터 해저

손자병법「허실(虛實)」편에 나오는 구절로 '전쟁에는 일정불변한 태세가 없으며 물에도 일정불변한 모양이 없다. 적의 정세변화에 따라 그에 적절한 전략이나 전술을 바꿔가면서 승리를 취하는 자야말로 용병을 잘하는 신이다. 전쟁에서도 적군의 태세에 따라 변화하게 되듯이 플레이 할 골프장에 따라 연습도 변해야 한다.

드가 위치하고 있어 플레이어로서 정확한 거리를 산출해내기 어렵고 경사와 잔디결이 급하게 이뤄진 곳이 있어 잘 치고도 아쉬운 벌타와 연결되는 경우가 있다. 이밖에 가까운 곳 같으면서도 멀리 있고, 거리가 있는 것 같아 치고 보면 짧은 코스인 착각과 착시의 홀들이 있다. 전쟁에서도 적군의 태세에 따라 변화하게 되듯이 플레이 할 골프장에 따라 연습도 변해야 한다.

캐디 활용도 전략의 하나

48

相守數年 以爭一日之勝 而愛爵祿百金
不知敵之情者 非勝之主也
상수수년 이쟁일일지승 이애작록백금
부지적지정자 비승지주야

'적군을 상대해 수년을 전쟁에 대비해도 전쟁의 승패는 하루아침에 결정된다. 고로 벼슬과 봉록·재물 등을 아까워하여 적의 정보를 수집하는 데에 소홀하다면 승리의 주도자가 될 수 없다'는 의미다.

출전은 「용간(用間)」편이다. 손자병법의 용간편은 전쟁에서 승리하기 위해 간첩을 이용하라는 내용으로 이뤄져 있다. 간첩은 적의 정보를 캐내어 자국에 이롭도록 돕는 역할을 한다.

골프에서 적은 코스라고 했고 간첩은 골퍼를 돕는 캐디라 할 수 있다.

자동화(승용 카트)에 밀려 아쉽게 사라져가는 문화가 있다. 캐디 한 명이 한 팀의 플레이를 돕게 되면서 1대 1의 골프가 4대 1로 돼버렸다는 이야기다. 십여 년 전만 해도 각자의 플레이어가 캐디를 동반해 준비가 소홀해도 천군만마를 얻은 듯 뿌듯하게 페어웨이를 향해 내려가던 모습이 생생하다. 실력이 부족한 골퍼라도 베테랑 캐디를 만나면 그날의 플레이는 술술 풀려 나갔던 기억이 새롭다.

캐디는 스윙에 대한 체크는 물론 스탠스의 방향을 꼼꼼히 점검해주기도 한다. 또 두어 홀쯤 지나면 골퍼의 구질까지 간파하고는 코스 공략의 방향을

'적군을 상대해 수년을 전쟁에 대비해도 전쟁의 승패는 하루아침에 결정된다.
고로 벼슬과 봉록·재물 등을 아까워하여 적의 정보를 수집하는 데에
소홀하다면 승리의 주도자가 될 수 없다' 는 의미다.
골프에서 적은 코스라고 했고 간첩은 골퍼를 돕는 캐디라 할 수 있다.
캐디의 경력에 따라 그날의 스코어가 5~10타씩 왔다갔다하기도 했다.
준비가 없어도 '보좌관' 을 옆에 뒀으니 두려울 것이 없었다.

제시해주기도 한다. 코스 구석구석의 해 저드, OB 방향, 벙커 위치 등 자세한 정보를 전해주고 그린의 상태와 핀의 위치, 정확한 거리, 클럽 선택 요령 등 을 세세히 알려준다.

캐디의 경력에 따라 그날의 스코어 가 5~10타씩 왔다갔다하기도 했다. 준비 가 없어도 '보좌관' 을 옆에 뒀으니 두려울 것이 없었다.

최근 들어 프로 캐디제를 서둘러 도입하는 골프장이 있다고 하니 반가운 소식이다. 물론 추가적인 비용 부담을 꺼리는 사람도 있을 수 있다. 그러나 골프(프로 경기 포함)가 원래 캐디의 도움을 받으며 행하는 게임인 만큼 1대1 캐디의 참 맛을 느끼며 라운드하는 것도 골퍼의 권리라 볼 수 있는 것이다.

코스 매니지먼트가
승리 이끈다

49

古之所謂善用兵者 能使敵人前後不相及
衆寡不相恃 合於利而動 不合於利而止
고지소위선용병자 능사적인전후불상급
중과불상시 합어리이동 불합어리이지

'예로부터 용병술에 능한 자는 적의 전후 부대가 서로 연결되지 못하게 만들고, 주력부대와 소부대가 상호 지원하지 못하게 하며 이익에 부합되면 움직이고, 이득이 없으면 공격을 중지한다.'

병사 쓰는 방법을 강조한 이 구절은 지형 활용에 관한 부분인 「구지(九地)」편에 실려 있다.

골프는 '멘탈 게임'이라 하여 정신적인 면이 중시되는 경기다.

이는 자신의 심리를 제어하는 것이 중요하다는 의미를 담고 있다. 하지만 상대적인 경기인 만큼 상대에 대한 압박도 이에 못지않게 중요한 부분이다. 자신의 냉철한 모습을 보여줌으로써 상대로 하여금 강한 압박감을 느끼게 해 제 기량을 발휘할 수 없도록 하는 것이다.

상대를 흔들리게 하는 가장 좋은 방법 가운데 하나는 바로 코스 매니지먼트라고 할 수 있다. 동반자 또는 경쟁자의 허를 찌르는 공략 방법이다.

예를 들어 티 샷을 할 때 상대보다 조금 거리가 덜 나더라도 3번 우드를 잡고서 페어웨이 한가운데 볼을 보내는 경우를 생각해보자. 상대는 온 힘을 다해 거리를 내려고 할 것이다.

골프는 '멘탈 게임'이라 하여 정신적인 면이 중시되는 경기다. 이는 자신의 심리를 제어하는 것이 중요하다는 의미를 담고 있다. 하지만 상대적인 경기인 만큼 상대에 대한 압박도 이에 못지않게 중요한 부분이다. 자신의 냉철한 모습을 보여줌으로써 상대로 하여금 강한 압박감을 느끼게 해 제 기량을 발휘할 수 없도록 하는 것이다. 나의 실수가 상대를 이롭게 한다는 말은 상대에게도 똑같이 적용되는 것이다.

여기서부터 작전은 전개된다. 비록 세컨드 샷에서 거리는 더 남았을지언정 아주 좋은 라이(볼을 놓인 상태)에서 정확한 아이언 샷을 날려 핀 가까이 볼을 붙여주면 이미 반은 승리한 것으로 볼 수 있다. 아무리 티 샷을 멀리 보냈다 하더라도 더 거리가 먼 상대가 볼을 홀 가까이 보냈다는 사실이 마음속에 너무나 크게 자리잡게 된다. 이익이 없다고 느낀 상대는 큰 스트레스를 받게 되고 대개 실수를 하고 만다. 단번에 무너지지 않는다 해도 게임의 주도권을 잡을 때까지 실수를 최소한으로 줄이며 플레이를 해 나가면 승리 확률은 높아진다.

나의 실수가 상대를 이롭게 한다는 말은 상대에게도 똑같이 적용되는 것이다.

웨지 샷도 왼팔이 리드해야 실수 없어

故軍之所以患於君者三
不可以進 不可以退 是謂縻軍
고군지소이환어군자삼
불가이진 불가이퇴 시위미군

'군대가 군주로 인해 어려움을 당하는 일이 세 가지 있다. 군대의 진격이 불가능한 것을 모르면서 돌진을 명령하는 것과 군대의 퇴각이 불가능한 것을 모르면서 후퇴를 명하는 것이 그 중 하나다. 이를 속박된 군대라고 한다.' 힘 있는 자의 역할에 대해 지적하는 구절로 무력을 이용해 공격하는 방법을 이른 「모공(謀攻)」편에 나온다.

땅을 흔들고 하늘을 흔드는 힘은 장수에게 있지만 그 장수를 움직이는 권한은 바로 임금에게 있다. 장수의 능력도 중요하나 장수를 어떻게 쓰는가는 군주에게 달린 것이다.

골프는 몸의 왼편이 타깃을 향하게 서서 왼손 위주로 클럽을 쥐고 왼쪽 방향으로 볼을 날려주는 운동이다. 그러나 대부분이 오른손잡이이므로 이로 인한 실수가 본인도 모르는 사이에 기량 향상을 방해하고는 한다.

특히 그린 주변의 쇼트 게임에서 골퍼들은 연습 스윙을 할 때 왼손의 주도 아래 백스윙을 했다가 다운스윙과 임팩트를 거쳐 팔로스루 단계까지 부드럽게 휘두른다. 머리의 명령에 따라 왼손의 그립과 아주 견고한 왼팔로 클럽을 리드해 움직여준다.

땅을 흔들고 하늘을 흔드는 힘은 장수에게 있지만 그 장수를 움직이는 권한은 바로 임금에게 있다. 장수의 능력도 중요하나 장수를 어떻게 쓰는가는 군주에게 달린 것이다. 골프는 몸의 왼편이 타깃을 향하게 서서 왼손 위주로 클럽을 쥐고 왼쪽 방향으로 볼을 날려주는 운동이다. 그러나 대부분이 오른손잡이 이므로 이로 인한 실수가 본인도 모르는 사이에 기량 향상을 방해하고는 한다.

실제로 볼을 칠 때도 이처럼 처음의 명령을 그대로 피니시까지 기억하면 멋진 어프로치 샷이 될 수 있다. 그러나 막상 볼 앞에서 백스윙에 들어가면 다운스윙 시작과 함께 평상시 사용하던 오른손의 힘으로 때리려는 습관이 순간적으로 튀어나오고 만다.

이로 인해 뒤땅은 물론 자칫 볼의 허리 부분을 쳐 어처구니없는 '웨지 홈런'이 나오는 경우도 빈발한다. 웨지 샷의 미스는 전적으로 오른손을 과도하게 쓰는 데서 온다.

웨지 샷을 할 때 백스윙 톱에서의 왼손 코킹(손목 꺾임)을 최대한 늦게까지 유지하면서 왼팔 힘 위주로 임팩트를 한 뒤 팔로스루와 피니시까지 마친다면 만족스러운 결과를 얻게 될 것이다.

'3온 1퍼트'를
노릴 줄 아는 지혜

三軍之衆
可使必受敵而無敗者 奇正是也
삼군지중
가사필수적이무패자 기정시야

'대규모의 군대를 통솔하는 중 적의 기습공격을 받더라도 패배하지 않는 것은 기이한 변칙과 정석의 원칙을 조화롭게 운영함에 의한 것이다.'

「병세(兵勢)」편에 보이는 구절로 원리 원칙에 입각한 정면 승부와 함께 임기 응변이라는 변칙 전법을 알지 못하면 결코 승리할 수 없음을 강조하고 있다. 삼군(三軍)이란 제후가 소유할 수 있는 최대한의 군사 규모를 뜻한다. 코스 공략에서 최우선시 되는 정석은 아마도 티 샷을 페어웨이에 안전하게 보내는 일 일 것이다. 세컨드 샷으로 온그린을 노리기에 절대 유리하고 심리적으로도 페 어웨이를 지켰다는 자신감 덕분에 다음 플레이에도 득이 되기 때문이다.

그렇다면 페어웨이를 놓쳤다고 해서 의기소침해야만 하는 것일까? 결론 부터 말하자면 이런 경우는 변칙 전법을 활용해 위기를 기회로 만들 수도 있 는 상황이다.

티잉 그라운드에서는 분명 4명의 플레이어가 티 샷을 하지만 아마추어의 경우 실제 페어웨이로 볼을 보낸 뒤 보무도 당당하게 걸어가는 '정면 승부 사'는 한두 명에 불과하다. 그 외의 플레이어는 러프 지역 나무 아래나 심지 어 OB 말뚝이 없는 홀에서는 옆쪽에 있는 홀의 페어웨이로 샷을 날리기도

원리 원칙에 입각한 정면 승부와 함께 임기응변이라는 변칙 전법을
알지 못하면 결코 승리할 수 없음을 강조하고 있다. 코스 공략에서
최우선시 되는 정석은 아마도 티 샷을 페어웨이에 안전하게
보내는 일일 것이다. 세컨드 샷으로 온그린을 노리기에 절대 유리하고
심리적으로도 페어웨이를 지켰다는 자신감 덕분에
다음 플레이에도 득이 되기 때문이다.

한다. 변칙 전략은 여기서부터 시작된다. 이성을 잃은 채 막무가내로 그린 방향으로만 샷을 날리는 것은 '전략 골프'라고 할 수 없다.

해법은 바로 속칭 '3학년 1반' 작전이다. 8번이나 9번 아이언으로 나무나 연못, 깊은 러프 등을 벗어나 일단 페어웨이로 되돌아온 뒤 3온을 노리는 것이다. 더디게 가는 것 같으나 세 번째 샷은 대게 60~70야드 거리를 남겨 놓게 된다. 평소 웨지 샷과 퍼팅을 충실하게 연습했다면 3온 1퍼트로 파, 아무리 못해도 2퍼트 보기로 막을 수가 있다.

단 한 번의 레이업(Lay Up)으로 더블보기나 트리플보기까지 갈 수 있었던 위기를 잘 넘게 되는 것이다. 이와 함께 페어웨이에 안착시킨 뒤 큰 '수입'을 기대했던 동반자들에게 허탈감을 안겨주는 부대효과까지 누릴 수 있다.

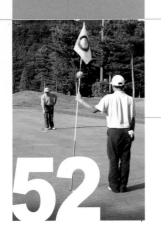

동반자와 화합하는 것도 전략

52

孫子曰 用兵之法 有衢地
是故 衢地則合交
손자왈 용병지법 유구지
시고 구지즉합교

 손자는 「구지(九地)」편에서 '병사를 쓰는 방법에는 지형에 따라 9가지가 있는데 구지에서는 외교로써 연합하는 것이 중요하다'고 말했다.

 전쟁에 있어서는 우선 싸움터가 될 지역의 성격에 맞춰 싸워야 한다. 손자 병법에 따르면 9가지의 지형이 있으며 그 중 「구지(衢地)」란 교통이 빈번한 거리, 제3국과도 인접해 있는 교통이 편리한 요충지를 말한다. 이곳을 먼저 점령하면 천하의 백성을 얻을 수 있는 것이다.

 그러므로 이웃 나라들과 외교관계를 잘 맺고 점령해야지 그렇지 않으면 반드시 반감을 사게 된다.

 골프를 어느 정도 하다 보면 나름대로 일가견을 갖게 된다. 스윙에 관해, 혹은 코스 공략이나 골프 클럽에 관해서 자신의 '고집'이 생기게 되는 것이다. 룰과 매너 등 다른 분야에서도 마찬가지다.

 이쯤 되면 코스나 연습장에서 다른 사람의 조언은 귀에 들어오지 않게 된다. '나는 다 알고 있으나 단지 연습이 부족하고 실수가 잦을 뿐'이라는 생각이 깊이 박히기 때문이다. 그러나 자신보다 실력은 비슷하거나 조금 덜하더라도 보는 것은 '훈수꾼'이 더 잘한다고 한다. 본인은 미처 느끼지 못하고

'병사를 쓰는 방법에는 지형에 따라 9가지가 있는데
구지에서는 외교로써 연합하는 것이 중요하다'고 말했다.
상황에 따라서 고집을 꺾고 주변 플레이어와
외교에 나서기도 해야 하는 것이다.
열을 위해 하나를 버려야 할 때도 있는 법이기 때문이다.

깨닫지 못하는 것을 아주 날카롭게 지적
해주는 경우가 있다. 대부분의 골퍼는
이런 지적에 자존심이 상한다는 생각으
로 외면하고 자신만의 스타일을 고집하
고 만다.

특히 그린 주변 쇼트 게임에서의 실수
는 그날 스코어에 크나큰 영향을 미친다. 실
수가 자주 나오는 날에는 동반자에게 자신의 스윙을 봐달라고 하면 의외로
작은 부분의 오류 때문이라는 사실을 알게 된다.

상황에 따라서 고집을 꺾고 주변 플레이어와 외교에 나서기도 해야 하는
것이다. 열을 위해 하나를 버려야 할 때도 있는 법이기 때문이다.

코스의 함정은 일단 피하라

不可勝在己 可勝在敵 故善戰者
能爲不可勝 不能使敵必可勝
불가승재기 가승재적 고선전자
능위불가승 불능사적필가승

'적이 승리하지 못하게 하는 상황은 나에게 존재하고 내가 승리할 수 있는 여건은 적에게 있는 것이다. 고로 전쟁을 잘하는 자는 적군이 승리하는 것을 막을 수는 있지만 적에게서 승리할 수 있는 여건을 구하기는 어렵다'는 의미다.

출전은 손자병법 「군형(軍形)」편으로 싸움의 승패에서 상대편을 제압하는 것보다는 아군 측의 빈틈을 없애는 것이 더 효과적이라는 점을 강조하는 구절이다. '최선의 공격은 방어'라는 말과도 상통한다고 볼 수 있다.

골프에 있어서 상대방(적군)이라 하면 단연 골프 코스를 꼽을 수 있다. 대부분의 코스는 파72 하는 식으로 기준 타수가 정해져 있다. 이는 18홀을 도는 골퍼에게 할당된 승리 요건이라 할 수 있을 것이다.

골프를 실수의 게임이라고 한다. 72차례 스트로크를 하면서 실수를 하지 않을 수는 없다. 실수를 줄이는 플레이를 하면 보다 기준 타수가 가까운 스코어를 낼 수가 있다. 가장 경계해야 하는 실수는 적(코스)의 진영을 잘 읽어내지 못해 받게 되는 벌타와 타수 낭비다. OB나 해저드, 분실구, 룰 위반 등에 따른 것이다. 우선 이 같은 스코어 낭비만 줄여도 100대 골퍼는 90대로,

싸움의 승패에서 상대편을 제압하는 것보다는 아군 측의 빈틈을 없애는 것이 더 효과적이라는 점을 강조하는 구절이다. '최선의 공격은 방어' 라는 말과도 상통한다고 볼 수 있다. 골프에 있어서 상대방(적군)이라 하면 단연 골프 코스를 꼽을 수 있다. 골프를 실수의 게임이라고 한다. 72차례 스트로크를 하면서 실수를 하지 않을 수는 없다. 실수를 줄이는 플레이를 하면 보다 기준 타수가 가까운 스코어를 낼 수가 있다.

90대 골퍼는 80대로 스코어를 쉽게 낮출 수 있다.

보통 한 라운드 플레이에 OB 2번(결과적으로 4타), 해저드 1번(1타), 벙커 3번(벌타는 아니나 코스의 시험에 빠져 한 번에 1~2타는 잃게 됨) 등의 실수를 범한다. 이들만 줄여도 7~10타는 충분히 벌고 들어간다.

기본적인 방법은 위험지구를 피하는 것이다. 먼저 티 샷은 OB 구역 반대편으로 날리고 그린 앞에 해저드나 벙커가 있을 때는 깃대 위치와 상관 없이 안전한 방향으로 샷을 하도록 한다. 위험지구만 피해가도 그날 스코어는 눈에 띄게 좋아질 것이다.

한 가지라도 '전매특허'를 가져라

54

故善戰者
求之於勢 不責於人
고선전자
구지어세 불책어인

'전쟁을 잘하는 자는 전쟁의 승패를 기세에서 구하지 병사들을 문책하지 않는다' 는 의미로 「병세(兵勢)」편에 나오는 구절이다.

전쟁에 능한 사람은 싸울 수 있는 형세(形勢)에서 승부를 찾고 싸우는 사람의 능력에 책임을 지우는 일이 없다.

전국시대 제나라의 맹상군은 빼어난 인품으로 명성이 자자했다. 이웃의 진나라 왕이 그를 초청해 재상으로 삼고자 했으나 진나라 재상의 시기에 부딪쳐 돌려보내려 했다. 재상은 맹상군이 돌아가면 진나라에 해를 끼칠 수 있으니 죽여야 한다고 왕을 부추겼다.

감금돼 처형의 위기에 놓인 맹상군은 그의 식객들 덕에 살아 돌아갈 수 있었다. 식객 중 하나인 좀도둑이 여우 모피로 만든 진귀한 옷을 훔쳐 진 왕의 애첩에게 바침으로써 풀려날 수 있었고 도망하던 중에는 새벽이 돼야 열리는 관문에서 닭 울음 소리를 낼 줄 아는 자 덕에 통과하게 됐다.

이는 '계명구도(鷄鳴狗盜)' 라는 고사성어가 생겨난 배경이다. 아무리 못나고 쓸모없어 보이는 사람일지라도 한 가지 재주만 있으면 자신은 물론 남까지도 도울 수 있다는 비유다.

전쟁에 능한 사람은 싸울 수 있는 형세(形勢)에서 승부를 찾고
싸우는 사람의 능력에 책임을 지우는 일이 없다.
자신만의 쇼트 게임 클럽, 쇼트 게임 기술 하나 정도만
'전매특허'로 가지고 있어도 쉽게 무너지지 않는다.

전쟁을 잘하는 장수는 능력이 부족한
병사라도 그의 장점을 발견하고 그에게
기세를 부여해 승리를 이끌어내는 법이
다. 골프에 있어서도 하나의 기술이라도
확실히 내 것으로 만드는 것이 필요하다.

파워와 퍼팅의 정확도가 중요하지만 이
런 것들이 조금 떨어져도 쇼트 게임 기술만 갖고 있으면 스코어가 크게 불어
나지 않는다. 쇼트 게임은 다른 기술보다 연습에 의해 누구나 향상시킬 수 있
는 부분이다. 특히 쇼트 게임에서는 정석도 좋지만 무엇보다도 자신만의 감
각이 중요하다.

클럽 선택에 있어 웨지만 고집할 필요 없이 9번이나 8번 아이언을 써도 좋
다. 또 타법도 경험을 통해 느끼고 터득한 노하우를 이용하는 것이 더 요긴
할 때가 많다. 자신만의 쇼트 게임 클럽, 쇼트 게임 기술 하나 정도만 '전매
특허'로 가지고 있어도 쉽게 무너지지 않는다.

걸음걸이에서 기세 드러난다

無邀正正之旗 勿擊堂堂之陣
此治變者也
무요정정지기 무격당당지진
차치변자야

'정렬된 깃발의 군대와는 싸우지 말 것이며 군진의 기세가 당당한 곳을 공격하지 말 것이니 이것이 상황의 변화에 잘 대처하는 것이다.' 군대가 질서 정연하다는 것은 평소에 훈련이 잘 돼 있으며 기율이 잘 지켜지는 군대라는 뜻이다. 결국 모든 것이 다 정비되고 충실히 준비돼 있는 군대다.

손자는 「군쟁(軍爭)」편에서 이 같은 모습을 '실(實)'이라고 하면서 이러한 적을 공격해서는 안 된다고 말하고 있다. 거꾸로 말하면 적에게 이런 정비된 모습을 보여야 유리하다는 의미다.

장수는 치기(治氣), 치심(治心), 치력(治力), 치변(治變)의 '4치(治)'를 능히 운용할 줄 알아야 전투에서 언제나 승리를 기대할 수 있고 패배할 근심이 없는 것이다. 골프에 있어서 평소 많은 훈련과 연습을 통해 배우고 익힌 모든 스윙 동작들은 필드에서 직접 플레이할 때 주변의 어떤 여건에도 흔들림 없이 실력을 발휘할 수 있어야 한다. 어느 누가 봐도 당당하여 상대로 하여금 주눅이 들어 감히 경쟁하고자 하지 못할 만큼의 기세는 바로 걸음걸이에서 시작된다.

자신이 없는 걸음걸이는 보폭이 좁고 잰걸음 형태여서 모든 행동이 서두

장수는 치기(治氣), 치심(治心), 치력(治力), 치변(治變)의 '4치(治)'를
능히 운용할 줄 알아야 전투에서 언제나 승리를 기대할 수 있고
패배할 근심이 없는 것이다. 골프에 있어서 평소 많은 훈련과 연습을 통해
배우고 익힌 모든 스윙 동작들은 필드에서 직접 플레이할 때
주변의 어떤 여건에도 흔들림 없이 실력을 발휘할 수 있어야 한다.
어느 누가 봐도 당당하여 상대로 하여금 주눅이 들어
감히 경쟁하고자 하지 못할 만큼의 기세는 바로 걸음걸이에서 시작된다.

르게 되고 즉흥적인 결정에 따라 움직이
도록 만드는 경우가 많다. 결과는 그날의
라운드는 물론 기분까지 망치게 되는
것이다. 반면 조금 넓은 보폭으로 걸으
면 상체가 뒤로 젖혀지게 되고 가슴은 펴
게 되며 호흡이 깊고 길어져 당연히 여유
가 생기면서 충분히 생각하게 된다. 이는
결국 심사숙고 끝에 상황에 적합한 바른 결정을
유도해 낼 조건을 제공하는 것이다. 특히 상대방에게는 전의를 상실하게 만
드는 부대효과까지 기대할 수 있으니 어부지리 승리를 얻을 확률도 높아진
다. 예컨대 미국의 프레드 커프스나 한국의 신용진 선수의 걸음걸이가 바로
위에서 언급한 '4치'를 운용하는 형태에 가까워 보인다. 기회가 있을 때 눈
여겨 봤다가 배우면 큰 도움이 될 것이다.

라운드 뒤 연습이 진짜 연습

56

進而不可禦者 衝其虛也
退而不可追者 速而不可及也
진이불가어자 충기허야
퇴이불가추자 속이불가급야

'아군이 진격할 때 적이 방어할 수 없는 것은 적의 허점을 찌르며 공격하기 때문이며 아군이 후퇴할 때는 신속하게 물러나야 적이 추격하지 못하게 된다.'

손무는 그의 저서 손자병법 「허실(虛實)」편에서 적의 허점을 노리는 계략의 필요성을 강조하고 있다.

전략이 뛰어난 장수가 공격해 들어가면 적군은 어디부터 어떻게 막아야 할지 몰라 혼란에 빠진다. 이는 바로 허점을 파악해 찔렀기 때문이다. 또 전략이 뛰어난 장수는 퇴각을 할 때도 군사가 일사천리로 기민하게 움직이므로 피해를 최소화할 수 있다.

치밀한 전략, 전술상의 계산에서 산출된 자주적인 작전 행동이기에 가능한 일인 것이다. 골프에서도 자주적인 작전과 신속한 실천이 필요하다. 즉 자신의 허점이 무엇인지를 객관적으로 파악하고 이를 고치기 위해 꾸준히 연습해야 하는 것이다.

모든 일에는 결과에 대한 반성과 개선 노력이 따르게 마련이다. 라운드 나가기 전의 연습보다도 다녀와서 하는 연습이 기량 향상에 훨씬 더 효과적이 전략이 뛰어난 장수는 퇴각을 할 때도 군사가 일사천리로 기민하게 움직이므로 피해를 최소화할 수 있다.

치밀한 전략, 전술상의 계산에서 산출된 자주적인 작전 행동이기에 가능한 일인 것이다. 골프에서도 자주적인 작전과 신속한 실천이 필요하다. 즉 자신의 허점이 무엇인지를 객관적으로 파악하고 이를 고치기 위해 꾸준히 연습해야 하는 것이다.

다. 그날의 스코어를 분석해보면 자신의 '골프 허점'을 확연히 발견하게 된다. 반성은 크게 ▲파워 게임 ▲그린주변 플레이 ▲퍼트 등 3가지로 분석하는 게 좋다.

파워 게임에서는 드라이버나 아이언 샷의 기본인 거리와 방향성 때문에 벌타 (OB, 워터 해저드, 분 실구 등)로 타수를 허비하지 않았는지를 우선적으로 파악한다. 그린 적중에 실패한 뒤 그린 주변에서 굴리거나 띄우는 쇼트 게임 기술에 문제는 없는지, 그리고 첫 번째 퍼트를 일단 홀에 붙이려 하지 않고 무리를 해서 3퍼트 이상의 실수를 저지르지 않았는지를 차분하게 돌아보는 것이다.

산모의 산후조리가 건강에 큰 영향을 미치듯 라운드 뒤 연습은 자신의 골프 실력을 크게 향상시켜 준다.

드라이버만 고집하지 마라

57

昔殷之興也 伊摯在夏 周之興也
呂牙在殷 故惟明君賢將 必城大攻
석은지흥야 이지재하 주지흥야
여아재은 고유명군현장 필성대공

'옛날 은나라가 흥하게 될 때 이지라는 반간(첩자를 역이용해 적의 동정을 살피는 사람)이 하나라에 있었고 주나라가 흥하게 될 때 여아가 은나라에 있었다. 고로 명군 · 현장이라야 필히 큰 공을 이룬다.'

영특한 군주와 현명한 장수가 지혜로운 인재를 잘 활용함으로써 위대한 업적을 남긴다는 의미로 출전은 손자병법 「용간(用間)」편이다.

성왕이 하나라를 멸망시키고 은나라를 일으킬 때 하나라 신하였던 이윤을 기용했으며 은나라를 멸망시키고 주나라를 일으킨 무왕은 은나라 관리였던 여아를 중용했다. 여아는 성이 강이니, 바로 유명한 강태공이다. 위수에서 낚시를 하며 세월을 보내다 재상이 된 인물이다.

골프의 역사는 '보다 멀리, 보다 정확히' 라는 명제와 함께 이어져왔다고 할 수 있다. 생각보다 멀리 보내야 하고 또 남보다 더 멀리 보내야 만족하는 골퍼들의 본성에 의해 게임과 장비가 발전을 거듭한 것이다.

그러나 거리를 내는 드라이버가 가끔 고장을 일으켜 바라지 않는 슬라이스나 훅이 나면서 OB지역이나 숲 속으로 날려 버리는 경우가 있다.

그래도 '이번에는 잘 맞겠지' 또는 '남보다 덜 가면 안 돼' 하는 생각으로

영특한 군주와 현명한 장수가 지혜로운 인재를 잘 활용함으로써
위대한 업적을 남긴다는 의미이다.
골프의 역사는 '보다 멀리, 보다 정확히' 라는 명제와 함께
이어져왔다고 할 수 있다. 생각보다 멀리 보내야 하고
또 남보다 더 멀리 보내야 만족하는 골퍼들의 본성에 의해
게임과 장비가 발전을 거듭한 것이다.

고집스럽게 드라이버를 잡는 일이 허다하다. 하지만 어려울 때일수록 장비
를 올바르게 중용하는 현명함이 필요하다. 과감하게 드라이버 대신 3번 우
드(스푼)를 뽑아들어야 하는 것이다. 스푼은 드라이버보다 샤프트 길이가 짧
고 헤드가 작아 아이언 샷 형태의 스윙으로도 쉽게 볼을 맞힐 수 있다. 물론
드라이버보다 다소 거리가 덜 날 수도 있겠지만 방향성과 구질은 훨씬 만족
스럽게 나타날 확률이 높다.

　헤드 스피드가 빠르지 않은 아마추어 골퍼
의 경우 드라이버보다 오히려 스푼이 거리가
더 난다는 얘기도 많다. 티 샷의 가장 우선적
인 목표는 긴 거리를 내는 것보다는 다음 샷
을 하기 수월한 페어웨이에 안착시키는 것이
라는 점을 기억하자.

레이업 하는 지혜

夫鈍兵挫銳 屈力彈火 則諸候乘其弊而起
雖有智者 不能善基後矣
부둔병좌예 굴력탄화 즉제후승기폐이기
스유지자 불능선기후의

'병기가 둔해지고 자기가 꺾이고 군대의 힘이 소진되고 재정이 고갈되면 제후들이 그 피폐한 틈을 타 일어날 것이다. 그러면 지혜가 있는 자라도 그 배후의 위기를 수습할 방도가 없다.' 손자병법 「작전(作戰)」편에 보이는 구절이다.

경쟁상대는 언제나 하나만 있는 것이 아니다. 언제 어디서 더 무서운 상대가 나타날는지 알 수 없다. 따라서 힘 닿는 데까지 싸우는 것보다 용기 있게 물러설 줄도 알아야 한다.

두 발 전진을 위해 한 발 물러서는 지혜와 더 큰 일을 위해 머리를 숙이는 참다운 용기가 필요하다.

필드에서 가끔 티 샷의 미스로 좌우 나무 숲 속 깊숙이 볼을 보내는 경우가 있다. 상급자는 타수를 줄이려는 의도로 질러가려다 실수를 범하고 초보자는 샷의 정확도가 떨어지거나 슬라이스, 훅 등의 영향으로 곤경에 빠지는 일이 잦다.

이런 경우 누구나 그린 쪽으로 조그마한 공간만 나 있어도 어떻게 해서든 곧장 공략하려 하는 것이 인지상정이다. 단번에 그린에 올리는 멋진 장면만 경쟁상대는 언제나 하나만 있는 것이 아니다.
언제 어디서 더 무서운 상대가 나타날는지 알 수 없다.
따라서 힘 닿는 데까지 싸우는 것보다
용기 있게 물러설 줄도 알아야 한다.
진정 훌륭한 지혜와 지도력을 가진 장수는
명예로운 철군도 마다하지 않는 법이다.

이 머릿속에 가득차게 된다.

　그러나 성공확률 10%도 될까 말까 하는 요행에 전부를 거는 것은 바람직하지 않다. 탄도의 방향이 아주 정확하지 않으면 현재 위치보다 상황이 악화될 가능성이 더 크다.

　최근 끝난 마스터스토너먼트에서 타이거 우즈도 첫날은 숲에 들어갔을 때 그린을 공략하다 보기를 범해 스코어 손해를 봤다. 하지만 둘째 날 거의 그와 흡사한 경우가 왔을 때 그는 짧은 클럽을 이용, 페어웨이 가운데로 레이업(lay up)을 해서 3온 1퍼트로 깨끗이 파를 기록하는 모습을 보여줬다. 진정 훌륭한 지혜와 지도력을 가진 장수는 명예로운 철군도 마다치 않는 법이다.

하프 샷 연습의 유용성

是故 勝兵若以鎰稱銖 敗兵若以銖稱鎰
勝者之戰民也 若決積水於千仞之谿者 形也
시고 승병약이일칭수 패병약이수칭일
승자지전민야 약결적수어천인지계자 형야

59

'고로 승리하는 군대는 무거운 천칭으로 가벼운 저울추를 상대하는 것과
같다. 패배하는 군대는 가벼운 저울추로 무거운 천칭을 상대하는 것과 같다.
승자의 싸움은 천길 높이의 계곡에 축적된 물을 쏟아내는 것과 같다. 이것이
군형이다.'

승리하는 군대는 큰 문제를 마치 사소한 일처럼 세밀하게 대비하기 때문
에 이기는 것이고 패배하는 군대는 작은 문제를 큰 일처럼 허술하게 대비하
기 때문에 지는 것이다.

손자병법 「군형(軍形)」편에 이른 구절로 승리하기 위해서는 평소 놓치기
쉬운 부분의 역량을 키움으로써 자신의 강점으로 만들고 상대의 허를 찔러
야 함을 강조하고 있다. 1~2년 정도 구력이 쌓인 골퍼라면 드라이버나 아이
언 샷은 볼을 때려내는 데 크게 어려움이 없을 것이다. 입문 때부터 배운 것
이고 연습장에서 늘 연습하는 부분이기 때문이다.

하지만 그린 주변에서의 쇼트 게임은 다르다. 연습량이 많지 않기 때문에 거
의 모든 골퍼가 자기 나름의 한두 가지 해결방법 외에는 전혀 알지 못하는 경
우가 많다. 그래서 어이없는 실수를 하고 스코어는 아주 쉽게 불어나게 된다.

승리하기 위해서는 평소 놓치기 쉬운 부분의 역량을 키움으로써
자신의 강점으로 만들고 상대의 허를 찔러야 함을 강조하고 있다.
1~2년 정도 구력이 쌓인 골퍼라면 드라이버나 아이언 샷은
볼을 때려내는 데 크게 어려움이 없을 것이다.
입문 때부터 배운 것이고 연습장에서 늘 연습하는 부분이기 때문이다.

드라이버나 아이언 샷의 경우 항상 하는 풀스윙으로 날려보낼 수 있는 평균 거리를 알고 있기 때문에 자신 있게 할 수 있다. 그러나 100야드 이내의 샷은 평소에 연습해놓지 않으면 두세 번이나 철퍼덕거리다 타수를 까먹는 일이 허다하다. 피칭웨지의 하프(half, 절반 크기) 스윙, 샌드웨지의 하프 스윙, 또는 각 웨지의 쿼터(4분의 1 크기) 스윙 등에 익숙하지 않아 그린을 눈앞에 두고도 올리지 못하는 경우를 자주 보게 된다.

쇼트 게임은 힘으로 해결하는 것이 아니라 철저히 클럽헤드의 무게로 볼을 보내줘야 하므로 하프 샷 스윙을 평소에 연습해둬야 한다. 왼팔을 곧게 편 상태로 어드레스를 한 뒤 백스윙 때 왼팔이 지면과 수평(9시 방향)이 되도록 올렸다가 반대로 3시 방향에서 피니시를 마치는 것이다.

쇼트 게임에서 이 같은 하프 샷의 유용성은 아무리 강조해도 지나치지 않다. 하프 샷만 잘 익혀두면 4분의 1, 3분의 1 샷 등도 쉽게 조절할 수 있다.

첫 샷 미스땐 방어태세로 바꿔야

故兵有北者 凡此六者
非天之災 將之過也
고병유배자 범차육자
비천지재 장지과야

'전쟁에 지는 데는 패배하는 군대를 비롯한 여섯 가지 원인이 있다. 이러저러한 패전 이유는 하늘이 주는 재앙이 아니라 장수의 과실로 발생하는 것이다.' 손자병법 「지형(地形)」편에서 이른 말로 장수의 책임이 더할 나위 없이 중대함을 강조하는 구절이다.

앞서 여러 차례 언급했듯 장수는 골퍼의 머리(두뇌·멘탈)에 대응된다.

어느 날 그 잘 되던 샷이 완전히 헝클어질 때가 있다. 드라이버 티 샷에서 슬라이스, 세컨드 샷에서 토핑, 세 번째는 잡아당기는 풀 샷까지 이어지면서 코스 이쪽저쪽을 왔다갔다하게된다. 마음만 급해져서 점점 힘으로만 해결하려다가 엄청 심한 뒤땅치기까지 하고 나면 정신을 차리기가 힘들 정도다. 스윙 궤도, 리듬, 타이밍, 템포 다 잊어버리고 결국 그날 골프는 영 망가지고 만다.

대체로 무너지는 날은 욕심을 냈을 확률이 크다. 베스트 스코어를 낼 것이라는 등 자신의 실력에 대해 오버하는 생각을 하는 순간부터 몸에 힘이 들어가게 돼 있다. 뭔가 더 잘해야만 목표를 이룰 수 있다는 의지가 생기면서 모자라는 부분을 힘으로 해결해야 한다는 잠재의식이 발현되기 때문이다.

'전쟁에 지는 데는 패배하는 군대를 비롯한 여섯 가지 원인이 있다. 이러저러한 패전 이유는 하늘이 주는 재앙이 아니라 장수의 과실로 발생하는 것이다.' 손자병법 「지형(地形)」편에서 이른 말로 장수의 책임이 더할 나위 없이 중대함을 강조하는 구절이다. 장수는 골퍼의 머리(두뇌·멘탈)에 대응된다. 어느 날 그 잘 되던 샷이 완전히 헝클어질 때가 있다. 뭔가 더 잘해야만 목표를 이룰 수 있다는 의지가 생기면서 모자라는 부분을 힘으로 해결해야 한다는 잠재의식이 발현되기 때문이다.

특히 티 샷을 실수한 경우 두 번째 샷에서는 거의 모든 골퍼들이 힘을 쓰게 마련이다. 그렇지만 무리한 샷은 두 번째, 세 번째 미스 샷으로 이어져 금세 더블보기 이상의 실망스러운 스코어를 기록하게 된다. 첫 샷 때 강공(强攻)을 실수했다면 곧장 방어 태세로 체제 전환을 해야만 한다. 티 샷이 러프나 나무 아래로 갔다면 두 번째 샷은 짧은 클럽으로 치기 좋은 페어웨이에 볼을 가져오는 것이 급선무다. 그렇지 않고 오기와 힘을 앞세우면 패전만 거듭되는 법이다.

클럽 절반만 가지고 효율적 연습을

兵非益多也 惟無武進 足以併力料敵 取人而已
夫惟無慮而易敵者 必擒於人
병비익다야 유무무진 족이병력요적 취인이이
부유무려이이적자 필금어인

'군대란 병력이 많다고 이익이 있는 것은 아니다. 오직 무력만 믿고 진격해서는 안 되고 만족스러울 정도의 힘을 모아 적을 요리할 준비를 하고 인재를 취득해 임무를 맡기면 된다. 아무런 고려 없이 적을 쉽게 보는 자는 반드시 사로잡히게 된다.'

손자병법 「행군(行軍)」편에 나오는 말로 병사의 수가 무조건 많다고 좋은 것만은 아니며 싸움에 필요한 만큼의 정병(精兵)이면 적당하다는 의미다.

골프백은 퍼터를 포함해 규칙이 제한하고 있는 14개의 클럽으로 채워지는데 누구든 이 14개의 클럽을 한 라운드 중 하나도 빠뜨리지 않고 전부 사용하는 일은 거의 없을 것이다.

드라이버야 파4와 파5를 합쳐 모두 14개 홀에서 우선적으로 사용한다고 치자. 그러나 그 이후에는 아이언 5번이나 7번 등을 주로 사용해 플레이를 하게 된다. 그린을 놓쳤을 경우에는 웨지류의 클럽으로 핀에 붙이고 퍼터로 홀을 마무리하는 게 보통이다.

이렇게 싱글 핸드캐퍼나 80대를 치는 골퍼도 많아야 7, 8개의 클럽으로 라운드를 마치고 핸디캡이 높을수록 사용하는 클럽의 수는 더 적어지게 된다.

'군대란 병력이 많다고 이익이 있는 것은 아니다.
오직 무력만 믿고 진격해서는 안 되고 만족스러울 정도의 힘을 모아
적을 요리할 준비를 하고 인재를 취득해 임무를 맡기면 된다.
아무런 고려 없이 적을 쉽게 보는 자는 반드시 사로잡히게 된다.'
손자병법「행군(行軍)」편에 나오는 말로 병사의 수가 무조건 많다고 좋은
것만은 아니며 싸움에 필요한 만큼의 정병(精兵)이면 적당하다는 의미다.

그런데도 실제 연습장에서 대다수 골퍼들은 14개의 모든 골프채로 연습에
열중하고 있다. 지나치게 많은 클럽을 사용하면 게임이 더 어렵게 될 수도
있다는 점을 염두에 두자.

그보다는 드라이버와 퍼터를 제외한 클럽의 경우 홀수 번호 위주로 하는
'하프세트 연습'을 권한다. 주어진 시간 안에 연습의 효율을 높이고 이들 클
럽만이라도 확실히 다룰 수 있는 편이 훨씬 이롭기
때문이다.

중간중간의 짝수 클럽은 약간의 감각으로
커버될 수 있으며 결국은 풀세트 연습보다 스
코어를 줄이는 데 더 도움이 될 것이다.

적재적소(適材適所)라는 말이 있으나 적량
적소(適量適所)라는 것도 있음을 명심하자.

구질에 맞춰 공략해 미스 샷 방지

62

故曰 知彼知己 百戰不殆 不知彼知己
一勝一負 不知彼不知己 每戰必殆
고왈 지피지기 백전불태 부지피지기
일승일부 부지피부지기 매전필태

'상대와 나를 알면 백전백승이요, 상대를 모르고 나만 알면 이길 때도 있고 질 때도 있을 것이요, 상대도 모르고 나도 모르면 싸울 때마다 위태롭게 된다'는 의미다. 귀에 익숙한 이 구절은 싸우기 전 자신과 적을 파악해야 함을 강조하고 있다.

골프 코스를 뜯어보면 다양한 형태의 도형이 결합돼 있음을 알 수 있다. 티잉 그라운드 4각형, 그린은 원 또는 타원 등이다.

페어웨이는 직사각형이 좌우로 휘어지기도 하고 오르막 내리막으로 경사를 이루기도 하며 빨래판 모양으로 주름이 잡히기도 하는 등 변화무쌍한 형태다.

드라이버 티 샷을 할 때는 특히 페어웨이의 형태에 자신의 준비자세를 맞춰야 안전하게 공략할 수 있다. 어드레스 때 샷의 구질에 맞게 스탠스와 온몸을 정렬해야 한다. 그래야 러프나 숲 속, 또는 OB 구역으로 날아가는 것을 방지할 수 있다.

아주 심한 슬라이스성 구질의 골퍼는 과감하게 왼쪽 OB 라인 바깥을 향해 조준하는 식이 되어야 한다. 이렇게 해야 볼이 OB 지역 상공을 날다가 휘돌

'상대와 나를 알면 백전백승이요, 상대를 모르고 나만 알면 이길 때도 있고 질 때도 있을 것이요, 상대도 모르고 나도 모르면 싸울 때마다 위태롭게 된다' 는 의미다. 귀에 익숙한 이 구절은 싸우기 전 자신과 적을 파악해야 함을 강조하고 있다. 자신의 구질을 정확히 알고 적절하게 이용한다면 그 또한 좋은 코스 공략 방법이 될 수 있다.

아서 페어웨이 한가운데에 떨어진다. 구질 교정은 금방 되는 것이 아니므로 계속 중앙을 겨냥해서 OB를 내는 것은 현명한 방법이 아니다.

가끔 휘어지지 않고 곧장 OB가 날 수도 있지만 그 확률은 열에 하나 정도에 불과할 것이다. 구질에 맞춰 표적을 겨냥한 뒤 자신 있는 스윙을 하는 것이 페어웨이를 지키는 횟수를 훨씬 늘려준다.

물론 언제까지 슬라이스 골퍼로 남을 수는 없겠지만 그 시점에서 자신의 구질을 정확히 알고 적절하게 이용한다면 그 또한 좋은 코스 공략 방법이 될 수 있다.

잘 맞을수록 평상심 유지해야

掠鄕分衆 廓地分利 懸權而動
先知迂直之計者勝 此軍爭之法也
약향분중 곽지분리 현근이동
선지우직지계자승 차군쟁지법야

'적에게서 약탈한 노획물은 그곳 사람들에게 분배해주고 점령지역을 확대하면 그 이득을 그곳 사람들에게 나눠주며 이득은 저울질해 공평하게 나눈다. 우회와 직진의 장단점을 아는 자는 승리할 것이다. 이것이 전쟁의 방법이다.'

전쟁에서 유리한 위치를 차지하는 방법을 알려주는 손자병법「군쟁(軍爭)」편에 나오는 말로 전쟁의 이득을 점령지의 사람들에게 나눠주면 민심을 얻을 수 있고 아군을 협력하는 사람도 많아지게 되는 법이다. 기업에서도 예상보다 목표를 초과 달성하면 사원들에게 휴가나 상여금을 준다. 그래야만 사원들은 신바람을 내서 더욱 열심히 일하고 더 많은 이윤을 창출하기 마련이다. 전리품으로 얻었다고 해서 나 혼자 갖게 되면 주변에 반감을 사게 되고 이긴 전쟁도 패배할 수 있다.

라운드 도중 행운이든 실력이든 버디를 잡아내는 경우가 있다. 그런데 문제는 그 다음 홀들이다. 버디 또는 멋진 파를 기록한 뒤에는 자신의 베스트를 넘어서는 샷을 하고 싶은 욕망이 넘치게 된다. 잘될 때 좀 더 잘해보겠다고 이렇게 저렇게 조정을 가하다 보면 잘되던 샷도 무너져 버리고 만다.

전쟁에서 유리한 위치를 차지하는 방법을 알려주는
손자병법 「군쟁(軍爭)」편에 나오는 말로
욕심 내서 보다 많은 버디를 만들려 하지 말고 그저 평상심을 유지하면서
보기나 더블보기를 하지 않는 것을 목표로 하면 골프의 여신은
계속해서 좋은 스코어를 유지하도록 도와주게 돼 있다.

그래서 버디 뒤에 보기가 나오고 보기
는 혼자 오지 않는다는 말도 있다. '버디
값 한다' 는 얘기다.

힘이 들어가면 평소보다 스윙이 커지고
헤드업을 하는 일도 잦게 된다. 과도한 힘
은 전리품인 버디를 너무 자신의 공덕으
로 돌린 데서 비롯된다.

잘될 때일수록 거리는 덜 나가더라도 방향을 좋게 하는 데 주력하는 게 좋
다. 욕심 내서 보다 많은 버디를 만들려 하지 말고 그저 평상심을 유지하면
서 보기나 더블보기를 하지 않는 것을 목표로 하면 골프의 여신은 계속해서
좋은 스코어를 유지하도록 도와주게 돼 있다.

컨트롤 샷이 스코어 줄인다

施無法之賞 懸無政之令
犯三軍之衆 若使一人 犯之以事
시무법지상 현무정지령
범삼군지중 약사일인 범지이사

'법에도 없는 상을 베풀고 정사에 없는 명령을 내리고 군병을 범죄자처럼 억눌러서 한 사람을 통제하는 것처럼 한다. 군대의 일로써 움직이게 하고…'

이는 싸움터에서 장수가 병사를 부리는 방법을 설명한 것이다. 전장에서는 법에 없거나 법을 무시한 일에도 상을 줄 필요가 있고 법에 없는 임시 특별법으로 명령을 내려야 할 경우도 있다. 이는 모든 병사를 일사불란하게 통솔하기 위한 방편이다. 전쟁에서는 이론이 통하지 않는 일도 있다. 오직 행동만이 있을 뿐이다.

오랫동안 갈고 닦은 보람이 있어서인지 드라이버 샷이 빨랫줄처럼 쭉쭉 뻗어나가는 날이 있다. 그런 날은 스코어도 잘 나올 것 같지만 그렇지 않고 그저 기분만 좋고 마는 경우가 많다. 그 이유는 드라이버가 잘 맞는 탓에 세컨드 샷에서 100m 안쪽의 거리를 자주 남겨두게 되고 이는 평소 연습해오던 풀스윙 거리가 아니기 때문에 생각만큼 후속 플레이가 잘 안 되는 까닭이다.

전쟁에서 임시 특별법을 활용해야 병사를 효율적으로 지휘해 승리로 이끌 수 있듯 필드에서도 일반적인 '풀 샷'과 함께 그동안 연습에 중점을 두지 않전장에서는 법에 없거나 법을 무시한 일에도 상을 줄 필요가 있고 법에 없는 임시 특별법으로 명령을 내려야 할 경우도 있다. 전쟁에서 임시 특별법을 활용해야 병사를 효율적으로 지휘해 승리로 이끌 수 있듯 필드에서도 일반적인 '풀 샷'과 함께 그동안 연습에 중점을 두지 않았던 '컨트롤(조절) 샷'을 정복해야만 '싱 글' 수준의 골프로 한 단계 업그레이드 시킬 수가 있다.

았던 '컨트롤(조절) 샷'을 정복해야만 '싱글' 수준의 골프로 한 단계 업그레 이드 시킬 수가 있다.

100m 이내 웨지 샷을 잘하려면 우선 몸으로 느끼는 거리감과 실제 발걸음 (수치상 거리)을 일치시키는 훈련과 경험이 필요하다. 그리고 선택한 웨지의 타구 궤적도 정확히 알고 있어야 장애물을 넘길 수 있을지, 떨어진 뒤 얼마 나 구를지를 예측할 수 있다. 여기다 평소 각 웨지별 백스윙 크기(풀, 절반, 4 분의 1, 3분의 2 스윙 등)에 따른 거리를 정확히 기억해둬야 한다.

다른 각도·방향서도 살펴야

65

將不能料敵 以少合衆 以弱擊强 兵無選鋒
曰北 凡此六者 敗之道也 將之至任 不可不察也
장불능요적 이소합중 이약격강 병무선봉
왈배 범차육자 패지도야 장지지임 불가불찰야

'장군이 적을 쉽게 요리하지 못한다면 소규모의 아군으로 대규모의 적병과 싸우게 된다. 또 나약한 군대로 강한 적을 공격하게 되고 정예병을 선별하여 운용하지 못하게 돼 패배하게 된다. 이 같이 패하는 것은 총대장에게 그 책임이 있기 때문에 장수는 잘 살피지 않으면 안 된다.'

전쟁의 승패에 책임이 있는 장수가 모든 정황을 잘 파악해야 한다는 점을 강조하는 구절로 손자병법 「지형(地形)」편에 기록돼 있다.

18홀의 라운드를 하다 보면 제 아무리 타이거 우즈라 할지라도 파온(규정, 타수, 즉 그 홀의 파 수보다 2타 적은 타수 만에 그린에 볼을 올리는 것)을 모든 홀에서 할 수는 없을 것이다. 아마추어 골퍼들은 90타 대를 치는 라운드에서 파온이 3홀에서 5홀을 크게 넘지 않는다는 분석이 있다.

그린을 놓치는 것은 어쩔 수 없다고 해도 고수와 하수의 차이는 그 다음 플레이에서 극명하게 구분된다. 물론 그린을 빗나간 뒤 벙커나 러프 지역에 들어간 것과 같은 경우는 타수 차이가 더더욱 벌어질 것이다.

그러나 트러블 상황이 아니더라도 그 홀 결과에서 2~3타까지 차이가 날 수 있다. 그 원인을 예측과 관측의 여부에서 찾을 수 있다.

전쟁의 승패에 책임이 있는 장수가 모든 정황을 잘 파악해야 한다는 점을
강조하는 구절로 손자병법 「지형(地形)」편에 기록돼 있다.
홀 반대편에서 보면 경사가 확연히 달리 보일 때가 있고
타깃 라인을 중심으로 한 바퀴 둘러보면 플레이해야 할 길이 쉽게 보이기도 한다.
살펴야 루트가 눈에 들어오는 법이다.

 보통 아마추어 골퍼의 경우 볼이 놓인 곳
에서 홀 주변까지 갔다 오지 않고 그대로 볼
을 쳐서 좋지 않은 샷을 하는 사람이 대부분
이다. 반면 어느 정도 스코어를 내는 골퍼들
은 조금 더 움직여 잔디 상태와 지면 경사 등
을 관찰하고 볼을 떨어뜨려야 하는 지점과 굴러갈 경로를 지정하는 과정을
빠뜨리지 않는다.

홀 반대편에서 보면 경사가 확연히 달리 보일 때가 있고 타깃 라인을 중심
으로 한 바퀴 둘러보면 플레이해야 할 길이 쉽게 보이기도 한다. 살펴야 루
트가 눈에 들어오는 법이다. 다만 동반자에게 불쾌감을 줄 정도로 시간을 끄
는 것은 삼가야 한다.

업·다운힐 경사지선 '오조준'을

66

孫子曰 用兵之法
第七地 有圮地也
손자왈 용병지법
제칠지 유비지야

'손자가 말했다. 용병의 방법 중에서 전쟁을 하게 될 지형은 9가지로 분류 되는데 그 일곱 번째로 비지가 있다.'

손자병법 「구지(九地)」편은 전쟁에 있어 싸움터가 될 지역을 9가지로 나누 면서 싸움터의 성격에 맞게 싸워야 한다고 강조하고 있다.

비지는 산악지대 또는 연못이나 늪지 같은 소택(沼澤) 재대 등을 가리킨 다. 당연히 험난하고 불편해 병사들의 몸과 마음을 상하게 하는 지형이다.

가능하면 이런 곳에서는 전쟁을 하지 말아야 한다. 승리하기가 어렵고 승 리한다 하더라도 희생이 크기 때문이다.

골프에서는 ▲임간 코스(평탄한 지형에 커다란 나무로써 홀과 홀의 경계를 만 든 코스) ▲하상 코스(호수나 강을 끼고 있거나 바다로 접해 있어 해저드가 페어웨 이보다 낮으므로 위험 구역을 가늠하기 어려운 코스) ▲산악 코스 ▲구릉 코스 등이 있다.

특히 산악 코스는 티 샷 미스로 인해 볼이 경사지에 놓이거나 스탠스가 경 사면에 걸리는 일이 자주 발생한다.

이런 경우 실수 없이 똑바로 샷을 하더라도 볼이 원하는 방향과 다른 쪽으

손자병법 「구지(九地)」편은 전쟁에 있어 싸움터가 될 지역을
9가지로 나누면서 싸움터의 성격에 맞게 싸워야 한다고 강조하고 있다.
업힐 또는 다운힐 라이에서는 실제 샷을 할 때 일종의
'오조준'을 해야 한다. 경사도에 따라 방향성의 차이는 다를 수 있으므로
그린의 좌우측 끝을 겨냥해 볼을 날려주면 온 그린 확률이 높아진다.

로 날아가게 된다. 지면의 경사가 방향성과
거리를 의도와 달라지도록 만드는 것이
다. 볼이 발보다 높은 곳에 놓였을 때는
왼쪽으로 날아가는 훅이 나기 쉽고 반대
로 볼이 낮을 때는 오른쪽으로 가는 슬라
이스가 만들어진다.

업힐 또는 다운힐 라이에서는 이러한 점을 염두에 둬 실제 샷을 할 때 일
종의 '오조준'을 해야 한다. 경사도에 따라 방향성의 차이는 다를 수 있으므
로 그린의 좌우측 끝을 겨냥해 볼을 날려주면 온그린 확률이 높아진다. 볼이
높을 때는 그린 오른쪽 끝에 맞춰 스탠스를 정렬하는 것이다.

긍정적 사고는 위기를 기회로

以吾度之 越人之兵數多 亦奚益於勝敗哉
故曰 勝可爲也 敵數衆 可使無鬪
이오탁지 월인지병수다 역해익어승패재
고왈 승가위야 적수중 가사무투

'여러 가지를 헤아려보건대 월나라 병사의 수가 많다고는 하나 그것만으로 전쟁의 승패에 어떤 이익이 있는 것은 아니다. 그러므로 승리란 인위적으로 만들어지는 것이라 할 수 있다. 적병의 수가 많다 하더라도 그들로 하여금 아군과 싸우지 못하게 만들면 되기 때문이다.'

적의 허점을 찾으라고 하는 손자병법 「허실(虛實)」편에 보이는 구절이다. 춘추시대 오나라와 월나라는 오랫동안 원수로 지냈다. 거기에서 '원수끼리 한 배를 탔다'는 뜻의 오월동주(吳越同舟)라는 고사성어가 생겨나 지금도 사용되고 있다. 원수를 갚기 위해 갖은 고난을 이겨낸다는 와신상담(臥薪嘗膽)도 바로 이 두 나라에서 비롯됐다.

아마도 골프 마니아들은 지난 87년 마스터스 연장전 기적의 칩 샷을 기억할 것이다. 래리 마이즈가 그린 사이드 30m 거리에서 친 샷은 그린 에지에 맞고 기가 막힌 곡선을 그리며 홀 쪽으로 굴러 멋지게 홀인 됐다. 이 장면은 서울경제에서 한국판으로 발행하는 미국 전문지 골프매거진으로부터 '80년대의 샷'으로 명명되기도 했다.

래리 마이즈는 기적의 샷을 성공시키기까지 사고의 과정을 이렇게 설명했

승리란 인위적으로 만들어지는 것이라 할 수 있다. 적병의 수가
많다 하더라도 그들로 하여금 아군과 싸우지 못하게 만들면 되기 때문이다.'
적의 허점을 찾으라고 하는 손자병법 「허실(虛實)」편에 보이는 구절이다.
승리의 조건은 사람이 만들어내는 것이라고 했다. 상대의 상황이
아무리 좋더라도 자신에게 충실하면
의외의 좋은 결과로 전세를 뒤집을 수 있는 법이다.

다. "가장 먼저 몇 시간 전 벙커를 넘겨 그린으로 어프로치 샷을 한 다음 5m 퍼팅을 성공시켰던 감(感)을 떠올렸다. 그린은 아주 빨랐으며 경사도 심했다. 이미 그렉 노먼은 2온에 성공해 버티 퍼팅을 준비하고 있었다. 그러므로 혹시 홀에 못 미치는 일이 없도록 적극적으로 샷을 하기로 마음먹었다."

골프에서 남보다 더 좋지 못한 상황에 놓이는 경우가 허다하다. 이럴 때일수록 결코 포기하지 않는 것이 중요하다. 이전에 아주 잘했던 샷이나 퍼트 같은 좋은 경험을 떠올리면서 긍정적인 마음을 가져야 한다. 승리의 조건은 사람이 만들어내는 것이라고 했다. 상대의 상황이 아무리 좋더라도 자신에게 충실하면 의외의 좋은 결과로 전세를 뒤집을 수 있는 법이다.

초심 지켜야 스코어 지킨다

68

古三軍可奪氣 將軍可奪心
是故 朝氣銳 晝氣惰 暮氣歸
고삼군가탈기 장군가탈심
시고 조기예 주기타 모기귀

'고로 대규모 적병이라 해도 기세를 탈취할 수 있고 적장의 심장을 빼앗을 수 있다. 아침의 기세는 예리하고 주간의 기세는 타락하여 게을러지며 저녁의 기세는 귀로만 생각한다.'

적을 꺾으려면 먼저 사기가 성하고 쇠하는 자연의 추세를 알아야 한다. 대체로 사기란 처음에는 왕성하고 나중에는 해이해진다. 짧은 시간 동안에는 긴장하지만 시간이 오래되면 느슨해지는 것이다.

「군쟁(軍爭)」편에 이른 이 구절은 적의 사기뿐 아니라 자신의 사기도 그러하므로 스스로 마음이 느슨해지는 것을 경계해야 함을 강조한다고 볼 수 있다.

예를 들어 아침의 사기는 하늘을 찌를 듯한 것이 보통이다. 정신이 깨끗하고 용기가 솟기 때문이다. 하지만 시간이 갈수록 점차 긴장이 풀리고 낮이 되면 게을러진다. 저녁이 되면 집에 돌아가고 싶은 마음에 아침의 기세는 찾아 볼 수 없다.

오랜만에 라운드를 하게 되면 마냥 어린아이처럼 즐겁기도 하고 왕성한 기운이 느껴지면서 실력 이상의 성적을 기대하기도 한다. 첫 홀 티잉 그라운드에 올라서면 '오늘은 그동안 연습도 별로 못했으니 그저 힘 빼고 부드럽게 적을 꺾으려면 먼저 사기가 성하고 쇠하는 자연의 추세를 알아야 한다.
대체로 사기란 처음에는 왕성하고 나중에는 해이해진다.
짧은 시간 동안에는 긴장하지만 시간이 오래되면 느슨해지는 것이다.
전쟁에서와 마찬가지로 골프도 사기나 집중력을 끝까지 유지하는 편이
승리하는 법이다. 초심을 18홀 내내 잃지 않는 것도 중요한 훈련이다.

쳐서 18홀 내내 실수만 하지 않으리라' 다짐을
한다.

하지만 이같은 초심(初心)을 유지하기란 여간
힘들지 않다. 몇 번 부드러운 스윙으로 볼이 생
각보다 잘 나가고 두세 홀 스코어가 잘 나오면 생각
이 달라진다. '조금만 더 힘껏 치면 동반자보다 훨씬 더 날아가겠는걸…' 이
런 생각의 싹은 라운드를 망치는 첫걸음이 된다.

'드라이버는 좀 더 백스윙을 크게 하고 체중이동을 더 확실하게 하고…'
하는 식의 생각이 꼬리에 꼬리를 물고 일어난다. 결과는 슬라이스나 하늘 높
이 솟구치는 하이볼, 또는 뒤땅치기 같은 미스 샷이 될 확률이 높다.

전쟁에서와 마찬가지로 골프도 사기나 집중력을 끝까지 유지하는 편이 승
리하는 법이다. 그러므로 초심을 18홀 내내 잃지 않는 것도 중요한 훈련이다.

동반자 배려는
코스 선택에서부터

凡軍好高而惡下 貴陽而賤陰
養生而處實 軍無百疾 是謂必勝
범군호고이오하 귀양이천음
양생이처실 군무백질 시위필승

'군대는 높은 지대를 골라 진을 치고 낮은 곳은 피해야 한다. 양지를 찾아 주둔하고 음지는 배제해야 한다. 양식이 생기는 곳에 거처할 것이며 병사들의 위생과 건강에 유의한다. 이렇게 되면 반드시 승리할 수 있다 할 것이다.'

손자병법은 전쟁에서 승리할 수 있는 방법을 알려준다. 그런데 골프는 늘 승리한다고 해서 능사가 아닌 경우가 더러 있다. 윗사람과의 라운드나 사업 문제가 결부된 비즈니스 골프의 경우가 특히 그렇다.

그러면 비즈니스 골프에서는 병법의 내용이 전혀 도움이 되지 않는 것일까. 그렇지 않다. 승리하는 방법을 알아둔 뒤 동반자에게 유리하도록 적용을 하는 것이다.

유의해야 할 것은, 일부러 져주는 것은 역효과가 난다는 점이다. 그런 것은 이미 게임이 아니며 무시당한다는 느낌을 상대에게 줄 수 있기 때문이다. 동반자에게 눈에 보이지 않는 약간의 이점을 부여하는 것이 적절한 방법이 될 수 있다.

「행군(行軍)」편에 보이는 위의 구절을 응용해보자. 군대의 주둔지와 마찬가지로 골퍼에게도 좋은 지형조건과 그렇지 못한 조건이 있게 마련이다. 예

손자병법은 전쟁에서 승리할 수 있는 방법을 알려준다.
그런데 골프는 늘 승리한다고 해서 능사가 아닌 경우가 더러 있다.
윗사람과의 라운드나 사업 문제가 결부된 비즈니스 골프의 경우가 특히 그렇다.
상대방에 대한 작은 배려가 큰 것으로 되돌아 올 수 있다.
승리는 코스 안에만 있는 것은 아니다.

컨대 유독 경사지에서의 샷이 서투른 사람에게
페어웨이의 언듈레이션(굴곡이나 기복)이 심한 코
스는 부담이 아닐 수 없다. 벙커 샷이 숙달돼 있
지 않은 골퍼에게는 곳곳에 모래 함정이 입을 벌
리고 있는 골프장은 그야말로 '쥐약'이다.

상대방을 우선시해야 하는 라운드라면 그들이 선호하는 골프 코스를 미리
물어보아 파악하는 것이 바람직하다. 국내 사정상 예약이 원활하지 않으므
로 반드시 그 골프장이 불가능하다면 비슷한 스타일의 코스를 우선적으로
선택하면 될 것이다. 점차 골프가 비즈니스나 사교의 매개로 이용되는 추세
다. 상대방에 대한 작은 배려가 큰 것으로 되돌아올 수 있다. 승리는 코스 안
에만 있는 것은 아니다.

취약 분야 집중 연습을

故善攻者 敵不知基所守 善守者
敵不知基所功 故能爲敵之司命
고선공자 적부지기소수 선수자
적부지기소공 고능위적지사명

'공격을 잘하는 자는 적이 수비해야 할 곳을 알지 못하게 한다. 수비를 잘하는 자는 적이 어디를 공격해야 할지를 알지 못하게 한다. 고로 이런 것이 가능해야만 적의 생명을 주관할 수 있는 것이다.'

유능한 사람에게는 빈틈이 없다. 아니, 빈틈을 발견하면 즉시 그것을 바로잡아 약점이 없도록 만드는 사람이 유능한 사람이다.

최근 조성된 골프장을 가보면 굉장히 어렵게 만들어놓은 곳이 많다. 각기 명문을 표방하면서 평이한 코스라는 소리를 듣기 꺼리기 때문일 것이다.

여하튼 예나 지금이나 코스의 기본 설계 개념은 클럽을 효과적으로 사용해서 좋은 성적이 나오도록 하는 것이다.

18홀 중 4개가 파3홀로 분배되는데 롱아이언 한 번, 미들아이언 한 번, 쇼트아이언 두 번을 티 샷용 클럽으로 사용하도록 만들어진다. 그리고 파온에 실패했을 때 그린 주변에서의 러닝 어프로치, 칩 샷, 로브 샷 등 주로 웨지를 활용한 쇼트 게임 기술이 동원되도록 한다.

라운드를 하다보면 다양한 클럽을 선택해야 하는 수많은 상황을 맞게 된다. 때문에 모든 클럽을 기본적으로 다룰 수 있게끔 연습을 해둬야 한다. 우

'공격을 잘하는 자는 적이 수비해야 할 곳을 알지 못하게 한다.
수비를 잘하는 자는 적이 어디를 공격해야 할지를 알지 못하게 한다.
고로 이런 것이 가능해야만 적의 생명을 주관할 수 있는 것이다.'
손자병법 「허실(虛實)」편의 위 구절은 골프에서도
약점이 없어야 게임을 쉽게 풀어갈 수 있다는 점을 일러주고 있다.

드, 롱·미들·쇼트 아이언으로 분류한 뒤 이들의 대표적인 클럽을 중점으로 연습하는 것이 도움이 된다. 손자병법 「허실(虛實)」편의 위 구절은 골프에서도 약점이 없어야 게임을 쉽게 풀어갈 수 있다는 점을 일러주고 있다.

명장의 마음을 배워라

壯者

智信仁勇嚴也

장자

지신인용엄야

'장수의 능력은 지혜, 신의, 어진 마음, 용기, 엄격함이다.' 장수, 즉 아랫 사람을 통솔하는 사람은 ▲먼저 그 일에 대한 지식과 그것을 운용할 줄 아는 지혜가 있어야 하며 ▲약속을 정확히 지키는 신의 ▲부하를 아끼는 어진 마음 ▲적의 사기를 꺾을 만한 용기 ▲공과 사를 구별하고 군기를 바로 세우는 엄격함을 두루 갖춰야 한다. 어느 것 하나라도 결핍되면 아랫사람으로부터는 권위를 잃고 외부로부터는 신임을 잃는다.

옛날 중국의 명장(名將) 오기(吳起)는 전쟁에 나갈 때면 병사들과 똑같이 생활했다. 장군이 타는 수레에는 병자를 태웠으며 군사들과 똑같은 침상에서 잤다. 모든 병사는 어느 싸움에서나 죽음으로 보답하려 전쟁에 임했다.

항우가 8천의 군사로 20만의 진나라 관군과 싸워 이긴 것은 순전히 용기 때문이었다. 강을 건너오자마자 돌아갈 배를 불살라 버리고 솥과 가마마저 깨뜨림으로써 자기 군대에 결사의 용기를 불러 일으켰던 것이다.

엄(嚴)이란 언제나 위엄만 갖추는 것이 아니라 때와 장소를 구별할 줄 알아 아랫사람들에게 존경을 받도록 하라는 말이다.

골프의 18홀 라운드 속에는 인생사가 다 들어 있다고 셰익스피어는 말했

'장수의 능력은 지혜, 신의, 어진 마음, 용기, 엄격함이다.'
코스와 싸우는 장수인 골퍼는 때로는 어진 마음을 가져야 하고
때로는 용감해야 하며 자신에 대해서는 늘 신의를 지켜야 한다.
자신의 실수나 룰에 대해서는 엄해야 하고 뜻밖의 행운은 실력이 아닌
그저 행운으로 돌릴 줄 아는 지혜도 필요하다.

다. 손자병법 「시계(始計)」편에 보이는 이 구절은 라운드 도중 상황에 따라 마음을 잘 운용해야 한다는 의미로 연결지어 생각할 수 있겠다.

필드에서는 생각지도 않았던 행운으로 유리한 상황을 맞는 경우가 있다. 그런가 하면 잘 맞은 볼이 디봇 안에 들어가 몹시 짜증스러울 때도 있다. 순간마다 일희일비하는 것은 경쟁자들만 기뻐할 일이다. 한 번의 미스 샷에 대해 화를 내면 쉽게 포기하려는 마음이 생긴다. 어쩌다 나온 굿 샷을 자신의 평소 실력인 양 믿으면 몸에 힘이 들어가고 만다.

코스와 싸우는 장수인 골퍼는 때로는 어진 마음을 가져야 하고 때로는 용감해야 하며 자신에 대해서는 늘 신의를 지켜야 한다. 자신의 실수나 룰에 대해서는 엄해야 하고 뜻밖의 행운은 실력이 아닌 그저 행운으로 돌릴 줄 아는 지혜도 필요하다.

대표적 클럽으로 집중연습을

故軍爭爲利 軍爭爲危 擧軍而爭利
卽不及 委軍而爭利 卽輜重捐
고군쟁위리 군쟁위위 거군이쟁리
즉불급 위군이쟁리 즉치중연

군대가 유리한 자리를 경쟁하는 것은 이익이 될 수도 있고 위해가 될 수도 있다. 모든 군대를 통제하여 유리한 곳을 차지하기 위해 경쟁하는 것은 오히려 늦어질 수 있다. 개별 지휘관에게 위임하여 경쟁시키면 군수물자에 손실이 갈 수 있다.'

중장비 부대까지 포함한 모든 군대를 싸움터에 투입하면 기동력이 떨어져 적군보다 처지면서 승리를 거둘 수 없다. 그렇다고 소총부대만 나가 싸운다면 지원부대가 멀리 떨어져 물자 공급이 부족하게 된다.

「군쟁(君爭)」편은 유리한 지형을 차지하기 위한 군의 기동이나 전략에 대해 언급하고 있다. 적군과 싸울 때는 필요한 지점에 적보다 먼저 도착해야 이(利)를 확보할 수 있다. 골프는 코스라는 보이지 않는 적과의 대적이다.

즉 파(par)라는 난이도로 무장한 18개의 홀과 싸움을 벌여 승리를 차지하는 게임인 것이다. 그린에서는 퍼터가 사용되지만 그린에 올리기까지는 드라이버부터 웨지까지 13개의 클럽이 유효 적절하게 동원된다. 어느 하나 뺄 것 없이 14개 클럽 모두 중요하다.

그런데 연습장에서 클럽별 시간 배분을 어떻게 해야 할까. 시간 제약이나 연

「군쟁(君爭)」편은 유리한 지형을 차지하기 위한 군의 기동이나 전략에 대해 언급하고 있다. 적군과 싸울 때는 필요한 지점에 적보다 먼저 도착해야 이(利)를 확보할 수 있다. 골프는 코스라는 보이지 않는 적과의 대적이다. 즉 파(par)라는 난이도로 무장한 18개의 홀과 싸움을 벌여 승리를 차지하는 게임인 것이다.

습의 효율성을 생각할 때 14개 클럽 모두를 연습하는 것은 바람직하지 않다. 전군을 동원하는 것과 같이 기동력이 떨어진다. 그렇다고 퍼팅이나 평소 자신 없는 클럽 1~2개만 연습을 하면 다른 클럽들에 대한 자신감이 줄어든다.

가장 적절한 방법은 클럽을 3~4개의 부류로 나눠 그 무리의 대표 클럽을 집중 연습하는 것이다. 드라이버와 우드, 롱 아이언, 쇼트 아이언과 웨지 등으로 나누고 예를 들어 5번 우드, 5번 아이언, 8번 아이언, 샌드웨지를 중점적으로 연습하는 것이다. 나머지 클럽들은 실전에서 충분히 커버가 될 수 있다. 연습의 효율도 높이고 다양한 종류의 클럽을 다 쳐봤다는 심리적 안도감도 가질 수 있다.

주변 의식 말고
나만의 플레이를

73

故兵以詐立 以利動
以分合爲變者也
고병이사립 이리동
이분합위변자야

'고로 군대는 속여서라도 적보다 우위에 서야 하고 이득이 있을 때 기동해야 한다. 분산과 집합을 통해 변화에 적응해야 한다.'

손자병법 「군쟁(軍爭)」편에 보이는 구절이다. 전쟁에서는 먼저 상대의 눈을 속여 이쪽 정체를 파악하지 못하게 행동하고 태세를 갖춘 다음에는 변화무쌍한 전술로 적을 쳐야 한다는 것이다.

손자는 이 책의 첫째 편인 「계(計)」편에서 "전쟁은 속임수(兵者詭道也)다"라고 말한 바 있다. 아군의 실체를 숨겨 허(虛)를 실(實)로 보이게 하거나 실(實)을 허(虛)로 보이게 하면서 전쟁을 해야 한다는 것이다.

라운드 동반자 가운데 가장 무서운 사람이 첫 홀(대개 파4 또는 파5)에서 아이언으로 티 샷을 하는 골퍼라고 한다.

아직 몸과 마음이 풀리지 않은 상태에서 무리하지 않고 안전한 플레이를 하겠다는 계산이 돼 있기 때문이다.

겉으로는 "자신이 없어서" 등등의 설명을 붙이지만 매우 냉철한 골퍼일 가능성이 많다. 서너 홀을 지난 뒤 "이제 몸이 풀리기 시작한다"며 드라이버를 잡는 등 본격적인 플레이를 펼친다. 성급하게 파나 버디 사냥에 나섰던 동반

전쟁에서는 먼저 상대의 눈을 속여 이쪽 정체를 파악하지 못하게 행동하고
태세를 갖춘 다음에는 변화무쌍한 전술로 적을 쳐야 한다는 것이다.
라운드 도중 동반자의 말 한마디, 한숨 소리 하나하나에도 오만 가지 신경을
쓰면서 스스로 무너지는 골퍼들이 적지 않다. 어떤 상황에서도
그동안 연습해온 내 스윙과 거리를 확신하는 것이
성공적인 샷의 열쇠라는 점을 명심하는 것이 좋겠다.

자들은 그동안 이미 잃은 타수를 게임이 끝날
때까지 만회하지 못하고 만다.

파3홀은 '작전'이 자주 펼쳐지는 곳이다. 어
떤 골퍼는 130야드 정도 밖에 되지 않는 홀에
서 9번 아이언으로 친 티 샷이 그린에 미치지
못하면 "이런, 공중에 바람이 부는지 8번 아이언도 짧아" 하는 식으로 혼잣
말을 해 혼란을 주기도 한다. 이 말을 들은 동반자는 더 긴 클럽을 선택해 그
린을 훌쩍 넘겨버리지만 하소연할 곳이 없다.

물론 친선 라운드는 전쟁과 달라서 악의적인 속임수까지 써가며 상대를
이겨야만 하는 경우는 거의 없을 것이다.

그렇지만 라운드 도중 동반자의 말 한마디, 한숨 소리 하나하나에도 오만
가지 신경을 쓰면서 스스로 무너지는 골퍼들이 적지 않다. 어떤 상황에서도
그동안 연습해온 자신의 스윙과 거리를 확신하는 것이 성공적인 샷의 열쇠
라는 점을 명심하는 것이 좋겠다.

설계자의 의도를 파악하라

輕車先出其側者 陣也
奔走而陳兵車者 期也
半進半退者 誘也
경거선출기측자 진야
분주이진병거자 기야
반진반퇴자 유야

'전차가 먼저 나와 측면에 배치되는 것은 출격하려는 진형이다. 분주히 돌아다니며 전차의 진형을 만드는 것은 공격 시기를 기다리는 것이다. 반쯤 진격했다 반쯤 후퇴하는 것은 유인하려는 것이다.'

군대를 기동할 때는 지형을 이용하라는 「행군(行軍)」편에 나오는 구절이다. 적의 동태를 살펴서 그들이 기도하는 것을 먼저 알아내야 한다는 내용이다.

골프는 자신과의 싸움이면서 동시에 날씨·코스 등 외적인 환경과의 싸움이기도 하다.

추위나 더위, 바람이나 비, 밝음이나 어두움 등은 골퍼가 반드시 이겨내야 하는 조건이다. 또한 긴거리나 장애물(벙커·해저드·굴곡 등) 따위로 무장하고 있는 코스도 좋은 스코어를 위해 극복해야만 하는 요소들이다.

그런데 어느 정도 구력이 쌓이고 기량이 늘면 코스 설계가의 의도가 눈에 들어오게 된다.

적의 동태를 살펴 그들이 의도하는 바를 알아야 승리할 가능성이 커지듯이 설계가의 디자인 방침을 꿰뚫을 때보다 쉽게 원하는 성적을 올릴 수 있는 법이다.

군대를 기동할 때는 지형을 이용하라는 「행군(行軍)」편에 나오는 구절이다. 적의 동태를 살펴서 그들이 기도하는 것을 먼저 알아내야 한다는 내용이다. 골프는 자신과의 싸움이면서 동시에 날씨·코스 등 외적인 환경과의 싸움이기도 하다.

홀의 설계 특징에 따른 분류를 알고 나면 공략 계획을 좀 더 명료하게 수립할 수 있게 된다.

먼저 ▲전략적인 홀이 있다. 그린까지 두세 가지 공략 루트가 있는 형태다. 무리하지만 않으면 파 정도의 스코어로 무난하게 마칠 수 있다.

▲페널티 홀은 보상보다는 무리한 모험에 따른 형벌이 큰 홀이다. 일반적으로 낙구 지역에 해저드나 골짜기, 페어웨이 양쪽의 OB 구역, 깊은 벙커 등을 설치해둬 실수를 용납하지 않는다. 끊어가거나 우회하는 공략이 필요하다. ▲다음은 히로익(heroic·영웅의) 홀. 이는 페널티 홀과 반대로 과감한 모험을 통해 큰 보상을 기대할 수 있다. 물론 어느 정도 샷의 거리와 정확성이 전제돼야 하지만 의도대로 보낼 경우 버디나 이글도 노려볼 만한 홀이다.

이 같은 설계가의 의도를 먼저 캐치하면 목표의식을 가지고 공략에 임할 수 있게 된다. 자신의 한도를 벗어나지 말아야 함은 말할 것도 없다.

룰 잘 알면 스코어에도 도움

故經之以五事 校之以七計 而索其情
一日道 二日天 三日地 四日將 五日法
고경지이오사 교지이칠계 이색기정
일왈도 이왈천 삼왈지 사왈장 오왈법

'고로 다섯 가지 원칙과 일곱 가지 계산으로 헤아리고 계산하여 상황 정세를 탐색해야 한다. 다섯 가지 원칙이란 첫째는 정치요, 둘째는 기상조건, 셋째는 지형조건, 넷째는 장군의 능력, 다섯째는 법제이다.

손자는 「시계(始計)」편에서 이해득실을 따져 정확한 계산을 해야 함을 강조하고 있다. 위의 글귀에서는 정세를 탐색하는 다섯 가지 원칙을 이르고 있는데 특히 이 중 다섯째인 법제는 법령숙행(法令執行)을 말한다. 제도와 법령은 훌륭하게 정비돼 있어야 하고 실제로도 그대로 행해져야 한다는 것이다.

무릇 골프에서도 룰이라는 법이 있다. 영어 단어 룰(rule)은 '잣대' 라는 의미도 가진다.

골프 라운드는 플레이를 하는 데 있어 서로가 하나의 잣대를 가지고 견주어 나가면서 경쟁을 펼치는 게임이다. 다른 사람의 권리를 침해하면 벌타라는 페널티를 받게 되고 공정하게 18홀을 마치지 않거나 스코어를 자신에게 유리하게 적을 경우에는 실격 처리된다.

예를 들어 골프백 속에 14개를 초과하는 클럽을 가지고 플레이를 하면 2타의 벌을 받게 된다. 누구나 아는 사실이지만 이 경우 벌타는 1라운드에 4

손자는 「시계(始計)」편에서 이해득실을 따져 정확한 계산을 해야 함을 강조하고 있다. 위의 글귀에서는 정세를 탐색하는 다섯 가지 원칙을 이르고 있는데 특히 이 중 다섯째인 법제는 법령숙행(法令孰行)을 말한다. 제도와 법령은 훌륭하게 정비돼 있어야 하고 실제로도 그대로 행해져야 한다는 것이다. 34개 조로 이뤄진 골프 룰은 알수록 힘이 될 수 있다. 타수뿐만 아니라 자신의 에티켓 스코어를 향상시키는 데에도 도움이 된다.

타까지만 부과한다는 점은 놓치기 쉽다. 또 미스 샷을 낸 뒤 홧김에 클럽으로 바닥을 내리치는 경우가 있는데 정상적인 플레이 과정 이외에서 클럽이 손상된 때에는 교체할 수 없다는 점도 기억해둘 만하다.

물론 아마추어 골퍼들이 친선 라운드 도중 그 복잡한 룰을 '칼같이' 지키기는 쉽지 않으며 또 룰을 위반했다고 해서 실격을 당하는 일은 없을 것이다. 그렇지만 규칙을 너무 무시한다면 그날의 스코어나 자신의 평소 핸디캡을 그대로 인정할 수 있을까. 잣대가 없는 경쟁은 무의미하다고 할 것이다.

34개 조로 이뤄진 골프 룰은 알수록 힘이 될 수 있다. 타수뿐만 아니라 자신의 에티켓 스코어를 향상시키는 데에도 도움이 된다.

베스트 스코어를 내려면

故經之以五校之計
而索其情 曰道天地將法
고경지이오교지계
이색기정 왈도처지장법

'고로 다섯 가지 원칙으로 적군과 아군의 상황을 정확히 탐색해야 한다. 다섯 가지 원칙은 지도자의 능력, 기상조건, 지형조건, 장군의 능력, 법제도 등이다.'

전쟁은 국가의 존망을 결정 짓는 중대한 일이다.

싸움을 시작할 때는 대의명분을 가져야만 내부의 단결력이 강화되고 외부의 협조도 받을 수 있다. 이것이 도(道)인 것이다. 전쟁에서 승리하려면 무엇보다도 자연적인 조건에 대한 충분한 조사연구가 있어야 하며 군의 이동, 물자의 수송 등을 위한 인문지리적 여건도 세밀히 살펴야 한다. 또한 지략과 인격, 용기를 갖춘 리더만이 승리를 쟁취할 수 있으며 군대 내부의 법 질서 체계가 바로 잡혀야 일사불란한 기동이 가능하다.

이와 같은 「시계(始計)」편의 내용은 손자병법 전반의 범론(汎論)이기도 하다. 그대로 기업 경영이나 라운드에 적용할 수 있을 것이다.

골퍼는 때로는 장수도 되고 때로는 병사도 되면서 스스로 도를 내세워 당당하게 나가는 것이다. 그날 라운드에 대한 목표를 설정하고 근골격계와 심리를 제어할 수 있도록 준비하는 과정이 필수적이다.

싸움을 시작할 때는 대의명분을 가져야만 내부의 단결력이 강화되고 외부의 협조도 받을 수 있다. 이것이 도(道)인 것이다.

이와 같은 「시계(始計)」편의 내용은 손자병법 전반의 범론(汎論)이기도 하다. 그대로 기업 경영이나 라운드에 적용할 수 있을 것이다.

골퍼는 때로는 장수도 되고 때로는 병사도 되면서 스스로 도를 내세워 당당하게 나가는 것이다. 그날 라운드에 대한 목표를 설정하고 근골격계와 심리를 제어할 수 있도록 준비하는 과정이 필수적이다.

바람과 추위 · 더위 · 비 · 안개 등 변화무쌍한 자연의 변화를 읽고 상황에 맞는 탄도와 클럽, 공략 루트 등을 결정해야 한다. 또한 굴곡과 경사지, 계곡, 고도 차이 등 지형을 고려한 플레이도 기량을 한 단계 업그레이드하는데 필수적이다. 돌아가야 할지 가로질러야 할지, 바로 넘겨야 할지, 끊어서 가야 할지 등을 스스로 판단하는 것은 골퍼의 덕목 가운데 장(將)에 해당하며, 룰에 맞춰 상대에게 관대하고 자신에게는 엄격한 모습은 법(法)이라 할 것이다.

베스트 스코어는 이들 다섯 가지 요소가 맞아 떨어질 때 작성될 수 있는 것이다. 역으로 말해 다섯 가지 덕목 가운데 하나라도 결여된 베스트 스코어는 별 의미가 없다고 볼 수 있다.

마인드 컨트롤은 겸손에서부터

是故 始如處女 敵人開戶
後如脫兎 敵不及拒
시고 시여처녀 적인개호
후여탈토 적불급거

'고로 전쟁이 개시되기 전에는 처녀처럼 고요하고 침착하게 대치해 적의
방심을 유도하고, 적이 성문을 개방한 후에는 그물을 벗어난 토끼처럼 신속
하게 움직여 적이 미처 대항하지 못하도록 한다.'

손자병법 「구지(九地)」편에 보이는 구절이다.

골프에 있어 플레이 하는 기술의 영향이 20%라면 멘탈이라고 하는 정신과
심리적인 요인이 60%에 이른다고 한다. 그리고 나머지 20%는 누구도 어쩔
도리가 없는 운(運)이라 한다.

많은 골퍼들은 다양한 클럽을 여하히 움직여야 하는 것이 스코어를 잘 내
기 위한 전부인 양 생각하고 연습에만 몰두하고 있다.

특히 초심자의 경우에는 더더욱 스코어에 연연할 뿐 실제 게임을 크게 지
배하고 있는 정신적·심리적 측면을 무시하는 경향이 두드러진다. 한두 번
의 샷 미스가 나오면 자신에 대해 화를 내고 그 여파 때문에 미스 샷, 또 미
스 샷…. 이런 경험을 통해 골퍼는 점점 성숙하게 된다.

초보자는 대부분 실수를 하고 나서도 무엇이 잘못됐는지 모른다. 보기플
레이어는 샷 하기 전에 하지 말아야 할 것을 생각하고 치지만 안타깝게도 백

골프에 있어 플레이 하는 기술의 영향이 20%라면
멘탈이라고 하는 정신과 심리적인 요인이 60%에 이른다고 한다.
그리고 나머지 20%는 누구도 어쩔 도리가 없는 운(運)이라 한다.
일명 '고수'와 동반할 때는 샷 기술뿐 아니라
이 같은 '마음 다스리기'도 배워야 한다. 심리만 컨트롤할 수 있어도
5타 이상 줄일 수 있다는 건 모두가 인정하는 사실이다.

스윙에 들어가면서 잊어버리고 마는 일이 많다.

구력이 쌓이고 핸디캡이 낮아짐에 따라 샷 하기 전 생각했던 것들을 다운스윙과 임팩트, 팔로스루와 피니시까지 일련의 과정 내내 잊지 않고 실행에 옮길 수 있게 된다. 자신의 스윙에서 잘못된 점까지 파악할 수 있기 때문에 설령 실수를 하더라도 이내 고침으로써 다음 샷까지 영향이 미치지 않도록 할 수가 있는 것이다.

일명 '고수'와 동반할 때는 샷 기술뿐 아니라 이 같은 '마음 다스리기'도 배워야 한다. 심리만 컨트롤할 수 있어도 5타 이상 줄일 수 있다는 건 모두가 인정하는 사실이다.

이런 점은 경영에서도 마찬가지가 아닐까 싶다. 신입사원들이 볼 때 분명 베테랑들의 역할은 거의 없어 보일지 모른다. 그러나 결정적인 상황일수록 그들의 경륜은 빛을 발하는 법이다. 겸양은 모든 분야에서 큰 미덕이다.

연습장 이용도 '양보다는 질'

78

故兵貴勝 不貴久 故知兵之裝
民之司命 國家安危之主也
고병귀승 불귀구 고지병지장
민지사명 국가안위지주야

'고로 전쟁은 빠른 승리가 귀중한 것이지 오래 끄는 것은 좋지 않다. 군대의 운용을 잘 아는 장군은 민중의 생명을 책임지고 국가의 안위에 주도자가 된다.'

손자병법「작전(作戰)」편의 이 구절은 전쟁에서 장군의 책임이 그만큼 중요하다는 것을 강조하고 있다. 오래 버틴다고 잘 싸우는 것이 아니라 이겨야 한다는 말이다.

우리나라 골퍼들처럼 연습 볼을 많이 때려대는 경우도 찾아보기 힘들 것이다. 많이 그리고 오래 칠수록 타수가 줄어들 것으로 믿는 듯 무한정 클럽을 휘둘러 입문한 지 몇 년이 지나면 거의 천문학적인 숫자가 될 정도다.

그러나 정상급인 프로 선수들이나 싱글 핸디캡 수준의 골퍼들은 하루에 200개 이상을 치기가 힘들다. 한 타 한 타 셋업과 조준, 스윙의 각 단계를 세밀하게 짚어가면서 클럽을 휘두르기 때문이다.

대개의 아마추어 골퍼들은 처음에는 체력이 좋아 파워풀하게 스윙을 하지만 빨리 무언가를 얻어내려 하다 보면 이내 스윙보다는 기를 쓰는 타법으로 바뀌게 된다. 이렇게 거의 아무런 생각 없이 연습을 하면 잘못된 스윙이 몸

무조건 하나의 클럽을 잡고 계속해서 휘두르는 것보다는 라운드 때처럼 드라이버와 페어웨이우드, 아이언, 웨지 등을 갖춰놓고 자신이 기억하는 골프장의 홀들을 떠올리면서 샷을 해보는 것이 좋다. 실제 라운드라고 상상하며 티 샷과 세컨드 샷, 어프로치 등을 하는 것이다. 이 같은 연습은 무의식 속에 많은 볼을 치는 것보다 훨씬 구체적이고 효과적이다. 연습의 양보다는 질을 높이는 편이 기량 향상에 많은 도움을 준다.

에 기억되는 역효과를 얻을 수도 있다.

연습 때 많은 볼을 때리는 것이 능사는 아니다. 연습장에서도 충분히 필드에서의 감각을 느끼면서 성공적인 샷을 만들어 낼 수가 있다. 무조건 하나의 클럽을 잡고 계속해서 휘두르는 것보다는 라운드 때처럼 드라이버와 페어웨이우드, 아이언, 웨지 등을 갖춰놓고 자신이 기억하는 골프장의 홀들을 떠올리면서 샷을 해보는 것이 좋다. 실제 라운드라고 상상하며 티 샷과 세컨드 샷, 어프로치 등을 하는 것이다.

이 같은 연습은 무의식 속에 많은 볼을 치는 것보다 훨씬 구체적이고 효과적이다. 연습의 양(量)보다는 질(質)을 높이는 편이 기량 향상에 많은 도움을 준다.

라운드 내내 볼과 '눈싸움'을

鳥集者虛也 軍擾者將不重也
軍無懸缶不返其舍者窮寇也
조집자허야 군요자장부중야
군무현부불반기사자궁구야

'적진의 막사 위에 새 떼가 모여 있다면 그 적진은 텅 빈 곳으로 병력이 없다는 징후이며 적의 막사가 소란스러우면 그들을 지휘하는 장수에게 위엄이 없다는 말이 된다. 또한 식후 취사도구를 버리고 막사에 돌아가지 않으면 절박한 상황에 몰려 도주할 준비를 갖추고 있다는 증거이다.' 적에 대한 철저한 관찰의 중요성을 알리는 말로 출처는 「행군(行軍)」편이다.

골프에서 '십계명'이라 할 만한 사항들 중에서 가장 중요한 것 하나가 바로 "볼에서 눈을 떼지 마라"는 것이다. "헤드업하지 마라" "볼을 끝까지 봐라"는 말은 아마도 골프가 시작될 때 같이 생겨났지 않았나 싶다.

스윙을 처음 배울 때 거리를 의식하다 보면 백스윙 때 힘껏 칠 요량으로 온몸에 잔뜩 힘을 준 채 클럽을 들어올리게 된다. 누구나 그러하기 때문에 '힘 빼는 데 3년'이라는 말도 태어나게 됐을 것이다. 백스윙 때 몸에 힘을 주면 양팔과 어깨를 걸쳐 목덜미와 머리에 이어지는 근육에까지 힘이 들어가 헤드업을 하게 된다.

백스윙을 하면서 볼을 두 눈으로 봐야 볼과 몸 사이의 정확한 거리감이 맞아 떨어져 정확한 히팅이 이뤄진다. 특히 몸에 힘을 주면 그 중요한 임팩트 골프에서 '십계명'이라 할 만한 사항들 중에서 가장 중요한 것 하나가 바로 "볼에서 눈을 떼지 마라"는 것이다.
"볼에서 눈을 떼지 마라" 가장 기초적인 것 같지만 백 가지 천 가지 기술보다 유익한 최고의 골프 금언이다.

순간에 고개를 들거나 눈을 질끈 감으면서 시각적 입력이 단절되고 만다. 전쟁에서 적의 동태를 예의 주시할 때처럼 스윙 과정 내내 잠시라도 볼에서 눈을 떼지 않아야 좋은 샷이 나온다.

가끔 볼에 눈을 하나 커다랗게 그려넣은 골퍼를 볼 수 있다. 그들은 볼에 그려진 눈과 자신의 눈이 마주보록 해놓으면 훌륭한 샷이 나오기도 한다고 말한다. 라운드 중에도 항상 볼에 눈이 있다고 상상하고 '눈싸움'을 벌인다고 생각하면 좋은 스코어가 나올 것이다.

"볼에서 눈을 떼지 마라" 가장 기초적인 것 같지만 백 가지 천 가지 기술보다 유익한 최고의 골프 금언이다.

잘 맞을수록
기본 점검 충실하게

不戰勝攻取 而不修基功者凶 命曰非費留
故曰明主慮之 良將修之 非得不用 非危不戰
부전승공취 이불수기공자흉 명왈비류유
고왈명주려지 양장수지 비득불용 비위부전

'전쟁에 승리하고 적의 성을 공격해 취득하더라도 그 공적을 근신하고 경계하지 않는 자는 흉하니 이를 비류라 한다. 고로 현명한 군주는 이것을 고려하고 훌륭한 장수는 이것을 닦는다. 소득이 없으면 용병하지 않고 위태롭지 않으면 싸우지 않는다.'

전쟁에서 얻은 결과를 잘 경계해서 다스리지 않으면 승리는 흘러간 물처럼 아무 소용 없다는 의미다. 출전은 손자병법「화공(火攻)」편이다.

누구나 다음 나갈 라운드를 생각하면서 연습장과 집에서 연습을 한다. 연습은 어떻게 해야 할까.

우선은 티잉 그라운드에서 홀까지 가능한 한 가까이 볼을 보내야 하는 드라이버는 몸의 회전을 최대한 크게 해서 클럽헤드의 원심력을 극대화하는 것이 좋다.

팔만 가지고 볼을 때리는 골퍼들이 있는데 이는 바람직하지 않다. 몸통 회전에 의한 체중이 실린 스윙을 해야 똑바로 멀리 날아가는 구질을 만들어낼 수 있다. 또 평생 치는 골프보다는 오래도록 즐기는 골프를 하는데도 훨씬 도움이 된다.

전쟁에서 얻은 결과를 잘 경계해서 다스리지 않으면 승리는 흘러간 물처럼 아무 소용 없다는 의미다. 조금 잘 맞은 때일수록 다시 평상의 마음으로 돌아가 늘 자신의 스윙과 기본을 점검하는 추스름의 과정을 잊어서는 안 된다. 발전을 위한 발판으로 활용하지 못한다면 그저 한두 번 잘 친 라운드로 흘러가고 말 것이다.

아이언과 웨지 샷은 스탠스 폭을 생각보다 좁히도록 한다. 이렇게 하면 몸의 균형을 유지하기 어렵기 때문에 100%가 아닌 80% 정도의 파워로 휘두를 수밖에 없게 된다. 결과적으로 보다 정확한 방향성과 일관성을 얻을 수 있다.

어쩌다 스코어가 좀 잘 나왔다고 해서 연습을 하지 않는 것은 어리석은 일이다. 또한 연습을 할 때는 이런 정도의 생각을 가지고 해야 다음 라운드에서도 도움이 된다.

조금 잘 맞은 때일수록 다시 평상의 마음으로 돌아가 늘 자신의 스윙과 기본을 점검하는 추스름의 과정을 잊어서는 안 된다. 발전을 위한 발판으로 활용하지 못한다면 그저 한두 번 잘 친 라운드로 흘러가고 말 것이다.

힘을 빼야 골프가 잡힌다

81

以近待遠 以佚待勞
以飽待飢 此治力者也
이근대원 이일대로
이포대기 차치력자야

'아군은 가까운 거리로 싸움터에 먼저 도착해 원거리에서 강행군하는 적이 도착하기를 기다리고, 충분한 휴식과 정비를 취한 뒤 적이 피로해지기를 기다리며, 급식을 충분하게 비축해 두어 적이 기아에 빠지기를 기다린다. 이것이 바로 전투력을 다스리는 것이다.'

손자병법 「군쟁(軍爭)」편에 보이는 것으로, 힘을 다스려야만 즉 힘의 배분을 잘해야만 승리할 수 있음을 강조한 구절이다.

골프에 있어서도 처음 시작해 얼마 동안은 너무 많은 힘을 쓰는 것을 볼 수 있다. 그립은 바위라도 부숴버릴 정도의 악력으로 꼭 쥐고 스윙을 할 때도 자신의 힘만으로 볼을 때리곤 하는 것이다.

그래서 숟가락도 잡을 수 없을 만큼 손이 아파 본 경험은 누구나 가지고 있을 것이다. 또 힘껏 때리다 보니 팔과 가슴 · 배 · 등허리까지 전신이 쑤셨던 기억 또한 누구에게나 있을 것이다.

하지만 어느 정도 구력이 쌓이게 되면 서서히 골프를 이해하고 클럽을 효율적으로 사용하는 요령을 익히게 된다. 손과 몸의 힘을 무리하게 사용하지 않으면서 클럽의 헤드 무게와 스피드를 이용해 볼을 날려보내게 된다.

힘을 다스려야만 즉 힘의 배분을 잘해야만 승리할 수 있음을 강조한 구절로 골프에 있어서도 처음 시작해 얼마 동안은 너무 많은 힘을 쓰는 것을 볼 수 있다. 그립은 바위라도 부숴버릴 정도의 악력으로 꽉 쥐고 스윙을 할 때도 자신의 힘만으로 볼을 때리곤 하는 것이다.

이때부터는 '골프'와 '골퍼'가 서로 균등한 힘을 이루면서 플레이가 훨씬 부드럽고 수월해진다. 그래서 '힘 빼는데 3년'이라는 말이 나온 것인지도 모르겠다. 운동역학적 측면에서 볼 때 모든 스포츠에서 작은 힘으로 최대의 효과를 내는 것이 이상적이다.

우선 그립을 잡는 힘은 40% 정도로 줄이고 체중
은 하체로 내리며 상체의 힘을 빼준 상태로 어드
레스를 취한다. 양팔은 편안하게 늘어뜨리고
거리가 적게 나더라도 편하고 부드러운 스윙으
로 헤드를 볼에 맞혀준다면 온몸에 힘을 줘서
친 것보다 훨씬 더 똑바로 멀리 날아간다는 사실
을 발견할 수 있을 것이다.

원칙·변칙을 아우르는 지혜

戰勢不過奇正 奇正之變 不可勝窮也
奇正相生 如循環之無端 孰能窮之哉
전세불과기정 기정지변 불가승궁야
기정상생 여순환지무단 숙능궁지재

'전생의 형세도 변칙(기, 奇)과 원칙(정, 正)의 두 가지에 불과하지만 이것들의 변화는 헤아릴 수 없이 무궁무진하다. 기와 정은 둥근 고리처럼 순환하며 시작도 끝도 없다. 어느 누구도 그 모든 것을 궁리해낼 수 없다.'

제나라 전단이 연나라 군사와 싸워 즉 묵성(城)을 지킨 일은 정공과 변칙을 적절히 써서 승리를 이끌어낸 대표적인 예로 평가된다. 전단은 연군과 대치한 상태에서 연 왕에게 첩자를 보내 당시 장수인 악의가 역모를 꾸밀 것이라고 모함을 했다. 그래서 적의 병사와 장군, 장군과 왕의 사이를 이간했다. 그리고 천마리의 쇠뿔에 칼을 잡아매고 꼬리에 갈대를 달아 불을 붙인 다음 연군을 향해 풀어 놓았다. 연군은 큰 혼란에 빠졌고 전단은 간단히 승리를 거둘 수 있었다.

위의 구절은 「병세(兵勢)」편에 기록된 것으로 정공법을 원칙으로 하되 외부 환경이나 상황에 맞게 변화를 주는 임기응변을 강조하고 있다.

애버리지 골퍼 또는 보기 플레이어들은 150야드를 7번 아이언으로 공략하곤 한다. 그러나 약간의 맞바람이나 표고차 10m 정도의 오르막이라고 하면 6번 아이언으로 바꿔 잡고 샷을 한다. 이렇게 해야만 6번으로 7번 아이언의 정공법을 원칙으로 하되 외부 환경이나 상황에 맞게 변화를 주는 임기응변을 강조하고 있다. 애버리지 골퍼 또는 보기 플레이어들은 150야드를 7번 아이언으로 공략하곤 한다. 그러나 약간의 맞바람이나 표고차 10m 정도의 오르막이라고 하면 6번 아이언으로 바꿔 잡고 샷을 한다. 이렇게 해야만 6번으로 7번 아이언의 효과를 성공적으로 만들어낼 수 있게 된다.

효과를 성공적으로 만들어낼 수 있게 된다.

만일 조금이라도 의심이 된다면 보다 더 긴 클럽인 5번 아이언을 선택하고 그립을 2~3cm 가량 짧게 잡은 뒤 휘두르는 것이 자연의 간섭을 잘 이겨낼 수 있는 공략 방법이 될 것이다.

참고로 각 아이언은 클럽 번호가 하나 높아질 수록 대략 10m 정도씩 샷 거리 차이가 생긴다. 이는 클럽 길이가 0.5인치(약 1.3cm)씩 짧아지면서 발생하는 5m의 거리 간격과 로프트가 4도씩 커지면서 줄어드는 5m 차이의 합계다.

즐거움도 알아야 기량도 늘어

故知勝有五…識衆寡之用者勝
此五者之勝之道也
고지승유오…식중과지용자승
차오자지승지도야

'전쟁에서 승리를 예지할 수 있는 조건 다섯 가지가 있다. 전쟁을 해야 하는지, 해서는 안 되는지를 알면 승리한다. 임금과 신하, 즉 상관과 부하의 하고자 하는 마음이 같으면 승리한다. 또 사전에 항상 경계하고 조심해서 준비하고 실력을 다져가면 이길 수 있으며 장수가 유능하다고 인정되면 간섭하지 말아야 승리할 수 있다. 마지막으로 아군의 대소 규모에 따라 전략·전술을 써서 군대를 운용할 줄 알면 전쟁을 승리로 이끌 수 있다.'

손자병법 「모공(謀攻)」편에 보이는 글로 모략으로 공격하는 방법을 일러주는 부분이다.

골프는 인생과 닮았다고 해서 곧잘 비교되기도 한다. 이는 희로애락이 그 안에 있기 때문이기도 하지만 인생만큼이나 오랜 시간 공부하고 연습하여 몸으로 익히면서 조금씩 깨달아가야만 그 깊은 즐거움이 배가 되는 게임이기 때문일 것이다. 또 평생 즐거움을 주는 반려자로 함께 하는 몇 안 되는 운동이라는 점 때문이기도 하다.

그런데 요즘 그런 골프를 아주 쉽게 시작해서 짧은 시간에 요령껏 익히고는 서둘러 자기 것으로 만들려는 경향이 있다. 겨우 걸음마 단계면서 성급하 골프는 인생과 닮았다고 해서 곧잘 비교되기도 한다.
이는 희로애락이 그 안에 있기 때문이기도 하지만 인생만큼이나
오랜 시간 공부하고 연습하여 몸으로 익히면서 조금씩 깨달아가야만
그 깊은 즐거움이 배가 되는 게임이기 때문일 것이다.
그런데 요즘 그런 골프를 아주 쉽게 시작해서 짧은 시간에 요령껏 익히고는
서둘러 자기 것으로 만들려는 경향이 있다. 겨우 걸음마 단계면서
성급하게 볼이 맞는다, 안 맞는다는 등의 판단을 해버리는 것이다.

게 볼이 맞는다, 안 맞는다는 등의 판단을 해 버리는 것이다.

어떻게 하면 골프를 즐길 수 있는지 선배들의 경험도 귀담아듣고 자신의 체력과 학습 정도를 충분히 고려해야만 진정한 쾌감을 맛볼 수 있는 법이다. 14개의 클럽을 유효 적절히 사용하는 능력을 키우고 코스를 제대로 파악하고 공략할 줄도 알아야 하는 것이다.

간혹 '골프는 칠 줄 알아도 플레이는 할 줄 모른다'는 이야기를 듣는 사람이 있다. 이는 골프를 즐긴다는 말 속에 단순히 클럽을 휘두르는 것 말고도 알고 따라야 할 예의와 룰, 기술, 코스 공략 방법, 심리적 측면 등이 포함돼 있다는 사실을 보여준다.

정보입력 후엔 확신 갖고 실행을

三軍旣惑且疑
卽諸侯之難至矣
是謂亂軍引勝
삼군기혹차의
즉제후지난지의
시위난군인승

'(군주가 군대의 사정을 모르고 군대의 행정에 간섭하면 즉시 군사들의 의혹을 살 것이다) 이처럼 군대에 회의와 의혹이 있다면 즉시 이웃 제후들에게 침략을 받는 난을 겪게 될 것이다. 이러한 것이 아군을 혼란하게 만들고 적으로 하여금 승리하게 하는 원인이 된다.'

손자는 「모공(謀攻)」편에서 패전의 원인이 되는 명령권자의 실수를 경계하는 것만큼이나 중요하다고 강조하고 있다.

어떤 명령을 내릴 때에는 미리 충분한 자료를 수집해서 전술을 짜야 하는 법이다. 적의 병력과 보유 화력, 지휘자의 성향과 능력 등을 종합하여 고려해 아군과 견주고 병법의 내용을 수정하기도 해야 한다. 그리고 중요한 것은 한 번 내린 명령을 절대 번복해서는 안 된다는 점이다. 명령은 산과 같고 쏟아진 물과 같다.

골프에서는 가장 내리기 힘든 명령이 바로 그린에서의 퍼팅이다. 일단 그린에 올려진 볼은 퍼터로 홀을 향해 치게 된다. 이때 그린의 경사와 빠르기 등을 확실히 계산하고 거리 또한 완벽하게 파악한 뒤 실행에 옮긴다. 볼 쪽에서 그린을 읽는가 하면 홀 뒤쪽에서 볼 방향을 보며 숨은 경사를 찾기도

손자는 「모공(謀攻)」편에서 패전의 원인이 되는 명령권자의 실수를
경계하는 것만큼이나 중요하다고 강조하고 있다.
골프에서는 가장 내리기 힘든 명령이 바로 그린에서의 퍼팅이다. 일단 그린에 올려
진 볼은 퍼터로 홀을 향해 치게 된다. 이때 그린의 경사와 빠르기 등을
확실히 계산하고 거리 또한 완벽하게 파악한 뒤 실행에 옮긴다.

한다. 그 다음 연습 스트로크를 하면서 볼이 굴러
가는 모습을 상상한 뒤 실제 퍼팅을 하게 된다.
그런데 대부분의 골퍼들이 시간과 정력을 소
비해가면서 그린을 읽고는 정작 어드레스에 들
어간 뒤 모든 것을 바꿔버리는 경향이 있다. 파악
한 정보들이 별안간 스쳐가는 한줄기 의혹에 의해
일순간 망가뜨려지는 것이다. 그 결과로 '시계추 스트로크'
가 아닌 오른손을 사용한 '히팅(hitting)' 형태가 나오고 만다. 이 같은 골프
의 '순간 의혹'을 극복해나가야 자연스러운 퍼팅 스트로크가 이뤄지고 좀
더 많은 퍼트를 홀에 떨어뜨릴 수 있게 된다.

파5홀 만만하게 보면
낭패보기 십상

遠形者
勢均難以挑戰 戰而不利
원형자
세균난이도전 전이불리

　'원형(여섯 가지 지형 중 멀리 떨어져 있는 지형을 말함)에서는 적과 세력이
대등하면 먼저 도전해서는 안 된다. 어느 편이든 직접적인 전쟁을 하는 것은
불리하다.'

　손자병법 「지형(地形)」편은 지형에 따라 전술을 바꿔야 한다고 이르고 있다.

　적이 아주 먼 곳에 진을 치고 있고 적과 아군의 세력이 서로 비슷한 경우
이쪽에서 싸움을 일으키면 먼저 거는 쪽이 불리해진다.

　그만큼 병사들을 고생시켜야 하고 보급로도 길어지기 때문이다. 물론 멀
더라도 전략의 차이가 현격하다면 문제는 다르므로 예외가 될 것이다.

　골프에서 원형에 해당되는 파5홀은 샷 거리가 긴 프로에게는 '버디홀'로
받아들여진다. 2온을 노리거나 짧은 거리에서 세 번째 샷을 핀에 붙여 타수
를 줄일 기회가 자주 있는 것이다.

　하지만 아마추어 골퍼에게는 다르다. 드라이버 샷과 페어웨이우드(또는 롱
아이언) 샷, 그리고 웨지(또는 쇼트아이언) 샷, 퍼팅까지 각종 샷을 동원해야
하기 때문에 자칫 눈덩이 스코어의 위험이 있다. 또 주말골퍼의 타격 거리에
맞춘 여러 가지 함정들도 도사리고 있다. 한번 잘 쳐보겠노라고 일주일 내내

적이 아주 먼 곳에 진을 치고 있고 적과 아군의 세력이 서로 비슷한 경우
이쪽에서 싸움을 일으키면 먼저 거는 쪽이 불리해진다.
그만큼 병사들을 고생시켜야 하고 보급로도 길어지기 때문이다.
멀더라도 전략의 차이가 현격하다면 문제는 다르므로 예외가 될 것이다.
골프에서 원형에 해당되는 파5홀은 샷 거리가 긴 프로에게는
'버디홀'로 받아들여진다. 2온을 노리거나 짧은 거리에서 세 번째 샷을
핀에 붙여 타수를 줄일 기회가 자주 있는 것이다.

연습을 하고 파5홀 타잉 그라운드에 들어서면 금방 버디도 나오고 이글도 가능할 것 같다는 생각에 온몸에 힘이 잔뜩 들어가게 된다.

이 같은 심리적인 방해요소뿐 아니라 홀 자체의 난이도도 존재한다. 특히 그리 길지 않은 파5홀(일명 서비스 홀)에는 대개 보이지 않는 함정이 많다. 대부분 오르막 또는 내리막으로 만들어져 미스 샷을 유발한다. 내리막에서는 몸이 빨리 일어나면서 훅이 나오기 쉽고 오르막에서는 쳐올리려는 시도 때문에 얇게 맞는 슬라이스가 흔히 난다. 이런 경우 어김없이 페어웨이 좌우측에 OB구역을 만들어 놓아 타수를 부풀린다.

세컨드 샷 지점도 지면에 굴곡을 줘 쉽게 그린을 공략할 수 없게 하는 곳이 많고 그린 역시 솥뚜껑 형태로 만들어 호락호락 파 세이브를 허용하지 않도록 한 곳도 흔하다.

아마추어의 경우 파5홀에서 착실히 파 플레이로 타수를 잃지 않겠다는 원칙으로 공략에 나서야 성공적으로 적의 성을 차지할 수 있는 기쁨을 맛보게 될 것이다.

80% 힘으로
샷 일관성에 치중하라

紛紛紜紜鬪亂 而不可亂也
渾渾沌沌形圓 而不可敗也
분분운운투란 이불가난야
혼혼돈돈형원 이불가패야

86

'의견이 분분하듯이 전투가 혼란해져도 아군은 혼란스럽지 않다. 혼돈스럽게 적의 진형에 포위됐어도 패배하지 않는다.' 전쟁에서 질서의 확립이 승리의 지름길이라는 것을 강조하는 「병세(兵勢)」편에 보이는 구절이다.

'분분운운'은 눈이나 꽃잎이 어지러이 떨어지는 모습이다. 양 군이 서로 어지럽게 뒤섞여 전투가 혼란에 빠지더라도 아군이 대오를 유지한다면 적이 아군을 혼란시키지 못한다. '혼혼돈돈'은 네모의 전투 진형이 흐트러지는 것이다. 만일 적에게 밀려 둘러싸이게 되더라도 질서만 지킨다면 적군은 아군을 패배시킬 수 없다.

골프에 있어서 질서는 샷의 '일관성'과 연결 지을 수 있을 것이다. 라운드에서 확립된 거리와 방향성을 갖지 못한다면 플레이의 질(質)은 떨어지게 마련이다. 특히 들쭉날쭉한 거리는 스코어를 부풀릴 수밖에 없다. 바람이 불거나 경사지에 볼이 놓인 경우처럼 예외의 상황을 제외하고는 정립된, 일정한 거리를 항상 보낼 수 있어야 한다.

보통 아마추어 골퍼들은 자신의 생각보다, 그리고 함께 플레이하는 상대들보다 거리가 더 많이 나가기를 원하고 또 그런 것을 자랑으로 여긴다.

전쟁에서 질서의 확립이 승리의 지름길이라는 것을 강조하는 구절로 골프에 있어서 질서는 샷의 '일관성'과 연결 지을 수 있을 것이다. 골프 스윙은 자신이 낼 수 있는 힘의 80% 정도로 친 거리를 기준으로 삼아야 한다. 그래야 볼을 실수 없이 깨끗하게 맞힐 수 있고 항상 원하는 방향으로 날릴 수가 있다. 80%의 편안한 스윙으로 클럽마다 일정한 거리를 보내는 것, 매번 성공적인 샷을 하는 가장 좋은 방법이다.

하지만 골프 스윙은 자신이 낼 수 있는 힘의 80% 정도로 친 거리를 기준으로 삼아야 한다. 그래야 볼을 실수 없이 깨끗하게 맞힐 수 있고 항상 원하는 방향으로 날릴 수가 있다.

때문에 연습을 할 때도 80%의 힘으로 일정한 거리를 보내는 데 초점을 맞춰야 한다. 대개 교습가들은 평균적인 아마추어 골퍼의 경우 7번 아이언으로 130m(약 145야드) 정도 보낼 것을 권한다. 그러면 큰 실수 없이 플레이를 할 수 있게 된다.

주변에는 "나는 7번 아이언 거리가 150m나 된다"고 자랑하는 사람들이 간혹 있다. 그러나 이런 골퍼 가운데 방향에 대한 언급을 하는 사람은 거의 없다. 80%의 편안한 스윙으로 클럽마다 일정한 거리를 보내는 것, 매번 성공적인 샷을 하는 가장 좋은 방법이다.

최상의 샷은 '무심타'

以治待亂
以靜待譁 此治心者也
이치대란
이정대화 차치심자야

'잘 정비된 군대로써 혼란한 군대를 대적하고 정숙한 군대로써 화급한 적병을 대적한다. 이것이 심리전을 잘하는 것이다.'

엄정하게 질서를 유지해 적이 혼란해지기를 기다리고 안정된 태세로 적이 동요하기를 기다리는 것, 이것이 피아간의 심리를 다스리고 이용하는 방법이다. 싸움에서는 힘과 기술도 중요하지만 마음의 안정과 냉정한 태도 역시 필수 불가결한 요소임을 강조하고 있다. 출전은 「군쟁(軍爭)」편.

골프는 실수의 게임이라고 한다. 또 워낙 변수가 많아 우열이 기량만으로 가려지는 것은 아니어서 흔히 '신의 영역'의 게임이라고도 한다.

이런 표현들은 자신의 기술을 항상 뜻대로 부릴 수 없기 때문에 생겨났을 것이다. 골퍼들은 심리적·정신적인 방해가 매번 만족할 만한 샷을 날리지 못하게 만드는 경험을 늘 하게 된다.

50년대 이전에는 골프용품이 현재와 같이 크게 발달되지 않아서 모든 선수들의 기량은 거의 대동소이했다. 그만큼 테크닉의 면보다 그들의 스코어 또는 순위가 심리적 차이에 의해 갈리는 빈도가 지금보다는 높았다.

골퍼들은 한두 번 샷 미스가 나면 그날 라운드를 모두 망쳐버린 듯 즉각

싸움에서는 힘과 기술도 중요하지만 마음의 안정과 냉정한 태도 역시 필수 불가결한 요소임을 강조하고 있다. 출전은 「군쟁(軍爭)」편. 골프는 실수의 게임이라고 한다. 또 워낙 변수가 많아 우열이 기량만으로 가려지는 것은 아니어서 흔히 '신의 영역'의 게임이라고도 한다. 그저 목표를 한 번 쳐다보는 것으로 바로 스윙에 들어가서 '무심(無心)'의 상태로 동작을 마무리하면 최상의 샷이 나올 것이다.

화를 내버리고 만다. 이것이 부담이 돼 다음 샷과 다음 홀의 실수에 대해 두려움을 갖게 된다.

골프는 내가 무엇을 하고 있는지 의식하지 않을 때 자신도 깜짝 놀랄 정도로 좋은 스윙이 나오게 돼 있다. 골프를 쉽게 하기 위해서는 어드레스를 하는 순간 자신에 대해 레슨을 하지 않는 게 최선의 방법이다. '이번에는 이러한 것들은 하지 말고 이렇게 돌려서 저렇게 스윙을 하자'는 식의 생각을 하지 말라는 말이다. 그저 목표를 한 번 쳐다보는 것으로 바로 스윙에 들어가서 '무심(無心)'의 상태로 동작을 마무리하면 최상의 샷이 나올 것이다.

티 샷은 다음 샷에
유리한 곳으로

丘陵堤防 必處基陽而右背之 此兵之利地之助也

上雨水沫至 欲涉者待基定也

구릉제방 필처기양이우배지 차병지리지지조야

상우수말지 욕섭자대기정야

'구릉이나 제방에서는 필히 양지쪽에 거처하고 이런 곳을 등지고 군을 주둔시켜야 한다. 이것은 용병상 군대에 유리하며 지형의 도움을 받는 방법이다. 상류에 비가 내려 강물에 물거품이 떠내려오고 있을 경우에는 물결이 평온해질 때까지 기다렸다가 강을 건너야 한다.'

군대를 기동할 때는 지형을 이용해야 한다는 내용의 「행군(行軍)」편에 보이는 구절이다.

옛날 칭기즈칸은 사냥을 나갔다가 사슴의 무리가 떼 지어 달아나는 것을 보고 회오리바람이 닥쳐올 것을 예견하고 부족을 숲 속으로 피신시켰다. 이러한 지혜가 그를 세계의 정복자로 만들어냈다.

골프는 첫 홀부터 마지막 18번 홀까지 끊임없이 이어지는 홀을 정복하는 게임이다. 하나의 홀에서는 티잉 그라운드의 위치에 따라서 목표 지점까지의 공략방법을 결정하게 된다.

일단 티잉 그라운드에 서면 페어웨이에 있는 거리 표시물을 먼저 확인해야 한다. 보통 거리 표시는 나무나 띠가 그려진 말뚝, 또는 특색 있는 돌덩이 등으로 돼 있다.

군대를 기동할 때는 지형을 이용해야 한다는 내용의 「행군(行軍)」편에 보이는 구절이다. 골프는 첫 홀부터 마지막 18번 홀까지 끊임없이 이어지는 홀을 정복하는 게임이다. 하나의 홀에서는 티잉그라운드의 위치에 따라서 목표 지점까지의 공략방법을 결정하게 된다.

파4홀에서는 특히 150야드의 표식은 매우 중요하므로 필히 체크해야 한다. 이 거리는 400야드 안팎의 파4홀에서 중간 기착지에 해당돼 규정타수 안에 그 홀을 마칠 수 있는지를 결정한다.

이 150야드 표식을 기준으로 삼아 드라이버나 페어웨이우드, 롱 아이언 등 티 샷을 날릴 클럽을 결정하고 그로부터 그린까지는 적절한 클럽으로 볼을 쳐야 한다.

티 샷의 방향은 세컨드 샷을 할 때 벙커나 워터 해저드 등이 가로막히지 않고 열려 있게 되는 쪽을 겨냥해야 편안하게 그린을 공략할 수 있다. 대개 페어웨이 안쪽이면서 핀에서 대각선 방향의 지점인 경우가 많다.

코스 정확하게 파악하고
위험요소 피하라

軍旁有險阻 潢井葭葦山林

翳薈者, 必謹覆索之

此伏姦之 所藏處也

군방유험조 황정가위산림

예회자, 필근복색지

차복간지 소장처야

「행군」편에 나오는 말이다. 행군상의 험준한 애로와 호수, 늪지대, 하천, 갈대숲지대, 그리고 산림지대와 초목이 무성한 지역을 통과하거나 그곳에서 야영을 할 때는 할 때는 반드시 수색을 철저히 반복해야 한다는 뜻이다.

이런 지형에는 적이 매복해 있을 가능성이 많기 때문이다.

전 세계의 남녀 골프대회를 통틀어 가장 어렵기로 소문난 대회가 바로 US 오픈과 US여자 오픈이다. 이 대회는 전 세계의 자격 있는 골퍼들이 최소 남자는 7천여 명 이상, 여자는 천여 명 이상이 도전해 그 기량을 겨루는 것으로 알려져 있다. 이 두 대회를 모두 주최하는 미국 골프협회(USGA)는 이처럼 대단한 골프 대회의 스코어에 대해 '언더파 우승은 없다'는 것을 전제로 코스를 세팅한다고 하였다. 그 이유는 전 세계에서 몰려든 골퍼들을 대상으로 행운이 아니라 골퍼의 실력만으로 우승자를 가려 가장 기량 있는 골퍼를 골라내기 위한 것이다.

페어웨이가 좁아 티 샷을 미스하게 되면 볼이 바로 깊은 러프에 빨려 들게 되므로 아무리 150야드 정도밖에 남지 않았더라도 도저히 그린을 직접 공략하지 못하게 해 페어웨이로 레이업하게 만든다.

주변 상황이 어려워도 극복하는 사람은 있게 마련이다. 코스를 정확하게 파악하고 위험요소를 최소로 줄인 뒤 자신의 기량을 최대한 발휘하면 능히 우승 트로피를 차지할 수 있다. 또 한 번 극복의 맛을 알게 되면 그 골퍼는 기량이 한 단계 업그레이드 된다.

또 그린이 작고 단단하며 경사가 이리저리 가파르게 져 있어 온그린을 하지 못하거나 설령 그린에 볼을 올렸더라도 너무 먼 곳에 떨구게 되면 난감한 상황에 빠지게 한다. 그린 주변에는 깊은 러프와 벙커 · 해저드를 어렵게 조성해 정확하게 공략하지 않으면 쉽게 1타 이상을 손해보도록 한다. 이런 경우 아무리 짧은 홀이라도 선수들이 보기를 각오해야만 하는 것이다.

그러나 이처럼 주변 상황이 어려워도 극복하는 사람은 있게 마련이다. 코스를 정확하게 파악하고 위험요소를 최소로 줄인 뒤 자신의 기량을 최대한 발휘하면 능히 우승 트로피를 차지할 수 있다. 또 한 번 극복의 맛을 알게 되면 그 골퍼는 기량이 한 단계 업그레이드 된다.

어프로치 샷은
파 세이브의 열쇠

90

夫兵形象水 水之形 避高而趨下 兵之形
避實而擊虛 水因地而制流 兵因適而制勝
부병형상수 수지형 피고이추하 병지형
피실이격허 수인지이제류 병인적이제승

'무릇 군대의 형태는 물의 형상과 같아야 한다. 물의 형세는 높은 곳에서 낮은 곳으로 흐르게 돼 있다. 군대의 형세도 적의 견실한 곳을 피하고 적의 허점을 공격해야 한다. 물은 땅의 생김생김에 따라 그 흐름이 제어된다. 이처럼 군 또한 적의 상황에 따라 승리의 방법을 통제해 변화시켜야 한다.'

손자병법 「허실(虛實)」편에 보이는 구절로 적의 형세에 따라 작전을 세우고 공격을 하면 아군이 큰 피해 없이 승리를 거두게 된다는 점을 강조한다.

18홀 라운드에서 그린을 놓치는 경우가 자주 있다. 그린을 놓친다는 말은 파 온(그 홀의 파 수에서 2를 뺀 타수만의 볼을 그린에 올리는 것)을 못했다는 의미다. 아마추어 골퍼의 경우 그린 미스는 대부분 절반 이상에 달한다.

그린을 놓쳤을 때 볼은 경사지 또는 깊은 러프, 벙커, 나무 밑 등 '시련의 터'에 놓이는 경우가 있다. 이런 상황에 대처할 수 있는 능력과 기술이 있어야 무난히 파로 마무리할 수 있게 된다. 따라서 러닝 어프로치나 피치 앤드 런과 같은 기술은 평소 충분히 연습해 둬야 한다.

러닝 어프로치는 그린까지의 거리에 따라 피칭웨지에서 아이언과 페어웨이우드까지 적당한 클럽을 선택해 사용할 수 있다. 볼이 무릎 높이 아래로 손자병법 「허실(虛實)」편에 보이는 구절로 적의 형세에 따라 작전을 세우고 공격을 하면 아군이 큰 피해 없이 승리를 거두게 된다는 점을 강조한다. 18홀 라운드에서 그린을 놓치는 경우가 자주 있다. 그린을 놓친다는 말은 파 온(그 홀의 파 수에서 2를 뺀 타수만의 볼을 그린에 올리는 것)을 못했다는 의미다. 적당한 어프로치 샷을 잘 구사하면 불리한 상황에서도 파 세이브라는 승리를 이끌어낼 수 있다.

잠깐 날아올랐다가 그린에 떨어져 굴러가는 형태다.

피치 앤드 런은 보통 피칭웨지를 사용, 착지점이 그린 위면서 홀과의 중간 정도 지점일 때 구사하고 볼의 최고 높이는 허리와 가슴 사이 정도가 된다.

보다 난이도가 높은 기술인 로브 샷은 장애물이 그린 앞을 가로막고 있을 때 어깨 이상 높은 탄도로 띄워 착지 후 조금만 구르도록 하는 샷이다. 적당한 어프로치 샷을 잘 구사하면 불리한 상황에서도 파 세이브라는 승리를 이끌어낼 수 있다.

캐디는 코스 공략의 도우미

故明君賢將 所以動而勝人 成功出於衆者 先知也 …
先知者 知敵之情者也
고명군현장 소이동이승인 성공출어중자 선지야…
선지자 지적지정자야

'고로 명석한 군주와 현명한 장군이 가동하여 적에게서 승리를 만들어내고 남보다 출중한 성공을 이루는 까닭은 적의 실정을 먼저 알기 때문이다…적의 내정을 먼저 아는 방법은 적의 정보를 아는 것이다.'

적정을 파악하기 위해서는 적정을 아는 사람을 활용해야 함을 강조하는 구절이다. 이 부분의 출전인 손자병법「용간(用間)」편은 간첩을 이용하는 것에 대한 내용이 담겨 있다.

초기 골프장은 영국 해안가의 언덕에 자연스레 만들어진 링크스 코스 형태였다. 골프는 미국으로 옮겨갔고 이후 동부 해안가에서 다시 내륙지방으로 이동했다. 그때부터 각국에는 지금 흔히 볼 수 있는 산지 골프장이 많이 형성됐다.

황량하고 단순하던 예전 골프장과 달리 산지 코스는 심한 경사를 가지고 있으며 페어웨이는 좁아졌다. 각 홀의 페어웨이 좌우측에는 나무들이 군데군데 자리 잡고 있어 볼을 쳐내야 할 방향과 탄도를 방해한다. 또 워터 해저드가 곳곳에 도사리고 있어 링크스의 바닷바람을 대신해 위험요소 역할을 하고 있다.

 이 같은 코스 내의 다양한 위험 요소들은 골
퍼가 원하는 최상의 플레이와 최고의 스코어
를 방해하게 된다. 또 각 골프장마다 특색을
가지고 있어 다른 곳에서 경험해본 듯한 비슷
한 홀이라 할지라도 전례대로 플레이를 하는
것은 도움이 되지 않는다. 복잡해진 코스에서 골퍼에게 도움을 주는 요소는
전혀 없는 것일까. 다행히도 '도우미' 라 불리는 캐디가 있다. 경험이 많은
캐디에게서 적(코스)의 내정을 알아내는 첩자 역할을 기대할 수 있는 것이
다. 그는 벌타의 위험과 골퍼의 스타일에 맞는 코스 공략법 등에 관해 조언
을 해준다. 적정을 잘 알고 있는 사람을 통해 적의 의도를 알아내고 정보를
입수하면 원하는 바를 보다 쉽게 얻을 수 있다. 즉, 적을 알고 있다는 것은
이긴다는 것이다.

195

좋은 스코어는
마음 다스리기에서

敵近而靜者 恃其險也 遠而挑戰者
欲人之進也 其所居易者 利也
적근이정자 시기험야 원이도전자
욕인지진야 기소거이자 리야

'아군이 적에게 접근했는데도 적진이 안정돼 있다면 그들이 그 지형의 험난함을 의지하고 있는 것이다. 원거리를 행군해 온 적이 곧바로 아군에 도전하는 것은 아군을 유인해 끌어내기 위한 것이다. 적이 평탄한 지형에 진을 쳤다면 아군과의 결전에서 유리한 조건을 지니고 있기 때문이다.'

손자병법 「행군(行軍)」편에 보이는 글이다. 전쟁에서 아군이 가까이 다가서도 적이 가만히 있으면 겁이 많거나 전력이 떨어지기 때문에 그러는 것으로 받아들이기 쉽다. 또 적이 멀리 있으면서도 도전해오면 괘씸한 생각에 당장이라도 쳐부수고 싶은 것이 사람의 마음이다.

그러나 그 진의는 반대쪽에 있다는 것을 알고 마음을 다스릴 줄 알아야 한다.

골프에 있어서 그날의 스코어를 좌우하는 것으로 천(天)·지(地)·기(技)·체(體)·심(心)을 들 수 있을 것이다. 이 가운데도 마음이 가장 중요해서 화를 다스리고 평상심을 유지하는 것이 으뜸이다. 이것만 된다면 발걸음도 가볍고 스윙도 부드러워져 자신의 기량을 충분히 발휘할 수 있게 된다.

경험에서 알 수 있듯 마음 다스리기는 쉬운 일이 아니다. 골프의 마음 다

골프에 있어서 그날의 스코어를 좌우하는 것으로
천(天) · 지(地) · 기(技) · 체(體) · 심(心)을 들 수 있을 것이다.
이 가운데도 마음이 가장 중요해서 화를 다스리고
평상심을 유지하는 것이 으뜸이다. 각 홀마다 철저하고
냉정한 분석을 통해 자신의 기량에 적합한 코스 공략으로 나설 때
좋은 스코어가 보장된다.

스리기는 코스 공략과 불가분의 관계에 있다.
코스는 마음을 흔들어 놓을 수 있는 요소들이
산재해 있다. 자연적인 것들도 있으며 코스 설계
자의 의도도 숨어 있다.

바람과 경사, 요철과 원근 등은 거리와 위치에
착각을 줘 판단력에 혼돈을 일으킨다. 홀은 길면 긴대로, 짧으면 짧은
대로 저마다 함정이 존재한다. 긴 홀에서는 몸에 힘이 들어가면서 좌우로 벗
어나는 실수를 범하기 쉽고 짧은 곳에는 해저드나 경사 등이 있게 마련이다.

각 홀마다 철저하고 냉정한 분석을 통해 자신의 기량에 적합한 코스 공략
으로 나설 때 좋은 스코어가 보장된다.

마음속의 간첩을 막아라

故用間有五 有鄕間 有內間 有死間 有反間
有生間 五間俱起 莫如基道 是謂神紀 人君之寶也
고용간유오 유향간 유내간 유사간 유반간
유생간 오간구기 막여기도 시위신기 인군지보야

'간첩을 기용하는 데는 향간·내간·사간·반간·생간의 다섯 가지 유형의 간첩을 함께 활용하되 적이 이를 눈치 채지 못하도록 하는 것이 곧 신기이고 이는 군주의 보배가 된다.'

적정을 충분히 알아야 전쟁이 시작되면 기필코 승리를 얻을 수 있게 된다. 손자병법의 「용간(用間)」편에서는 간첩을 이용하는 방법을 설명하고 있다. 다섯 가지 간첩 중 특히 반간은 '이중간첩'에 해당한다. 적의 간첩이 아군의 실정 탐지를 위해 잠입해오면 반드시 색출해야 한다.

그리고 잡아낸 뒤에는 그에게 적당한 편의를 제공하거나 큰 이익을 줘서 이쪽에 오래 머물도록 한다. 궁극적으로 그를 매수해 역으로 적의 모든 것을 알아내야 하는 것이다. 그러나 특히 유의할 점은 이쪽의 사정이 적진에 알려지면 오히려 크게 역이용당할 수도 있다는 점이다.

골프에서 플레이를 해나간다는 것은 보이지 않는 적인 코스와의 한판 승부라고 할 수 있다. 매 홀 하나하나씩 성(홀)을 정복해나감으로써 파나 버디를 잡아내며 대승의 기쁨을 맛보는 게임인 것이다.

하지만 잘 풀리던 게임이 별안간 보기·더블보기, 또는 해저드에 빠지거

적정을 충분히 알아야 전쟁이 시작되면 기필코 승리를 얻을 수 있게 된다.
항상 긍정적인 생각을 갖고 조금이라도 내 마음의 회오리가 피어나지
못하도록 생각보다 먼저 앞서나가는 것이 바람직하다.
볼을 보내야 할 곳만 쳐다보면서 플레이하면 18홀 라운드도
순식간에 끝나는 법이다.

나 OB를 내는 등 불행의 연속으로 빠져드는 일이 많다. 이런 때는 분명 자신의 마음속에 적의 간첩이 침투해 고요하던 심중을 뒤흔들어 놓았을 경우가 대부분이다.

항상 긍정적인 생각을 갖고 조금이라도 내 마음의 회오리가 피어나지 못하도록 생각보다 먼저 앞서나가는 것이 바람직하다. 볼을 보내야 할 곳만 쳐다보면서 플레이하면 18홀 라운드도 순식간에 끝나는 법이다.

이득-손해 함께 고려하라

94

是故 智者之慮 泌雜於利害
雜於利而務可信也
雜於害而患可解也
시고 지자지려 필잡어리해
잡어리이무가신야
잡어해이환가해야

'고로 지혜로운 자는 여러 가지를 고려한다. 필히 이해관계를 적절히 섞어 운영한다. 불리한 상황에 빠졌을 때 유리한 조건이 무엇인가를 찾아내면 부여된 임무를 완수할 수 있으며 유리한 상황에 놓일수록 위험요소를 예견하여 그에 대비하면 불의의 환란을 미리 방지할 수 있는 것이다.'

손자병법 「구변(九變)」편에 나오는 구절이다. 사람은 대개 일방적인 생각만을 하기가 쉽다.

이로운 쪽이나 해로운 쪽 중 한 가지만 생각하는 것이다. 순자(荀子) 「불순(不苟)」편에도 "이익이 될 만한 것을 보거든 반드시 앞뒤로 그것이 손해가 될 수 있는 점을 생각해서 함께 저울질하여 보고 심사숙고한 뒤에 취하고 버릴 것을 정하여야 한다. 이렇게 하면 항상 실패하거나 함락되지 않는다"는 가르침이 있다.

무릇 골프에 있어서도 '아마추어적'인 플레이와 '프로적'인 플레이가 있다. 아마추어는 티잉 그라운드에 올라서면 대개의 경우 날려보낼 곳만 결정하면 거리를 짐작한 뒤 '붕붕' 소리가 날 정도의 힘과 속도로 연습 스윙을 한다.

아마추어 골퍼가 프로의 샷을 구사하는 것은 어려운 일이다. 그렇지만 '프로적' 인 플레이를 하는 것은 어느 정도 가능하다. 이는 기본적인 사항들을 아는 것에 그치지 않고 전 라운드에서 생각하며 실천하기 위해 노력하는 것이다. 모든 플레이에 있어 이익과 함께 손해까지 동시에 고려하는 것은 그 첫걸음이라 할 수 있다.

하지만 그러다 보면 자칫 진짜 샷을 할 때는 스윙 도중 균형을 잃어 제대로 클럽페이스를 볼에 콘택트 시키지 못하고 실수를 하게 된다. 프로 골퍼의 경우 다음 샷의 플레이가 좋은 곳을 골라 티 샷을 보낸다. 그리고 연습 스윙 때는 실제 스윙의 80% 정도만 힘을 줘 가볍게 스윙을 한다. 또한 프로는 샷의 거리는 임팩트 때 헤드스피드에 비례하고 방향성은 임팩트 순간 목표방향에 대한 클럽페이스의 각도로 결정된다는 사실을 잘 알고 있다.

아마추어 골퍼가 프로의 샷을 구사하는 것은 어려운 일이다. 그렇지만 '프로적' 인 플레이를 하는 것은 어느 정도 가능하다. 이는 기본적인 사항들을 아는 것에 그치지 않고 전 라운드에서 생각하며 실천하기 위해 노력하는 것이다. 모든 플레이에 있어 이익과 함께 손해까지 동시에 고려하는 것은 그 첫걸음이라 할 수 있다.

웨지 샷 힘들땐
퍼터 어프로치 활용을

故以火佐攻者明 以水佐攻者强
水可以絶 不可以奪
고이화좌공자명 이수좌공자강
수가이절 불가이탈

'고로 전투에서 불에 의한 화공은 공격의 보조 수단으로서 분명 이득이 있고 물에 의한 수공도 공격의 보조 수단으로 그 위력이 강하다. 그러나 수공은 적군을 분산시키는 위력은 있으되 화공처럼 적의 물자와 장비를 소멸시키지는 못한다.'

이 구절의 출전인 손자병법 「화공(火攻)」편은 전투력을 높이는 방법을 설명한 부분이다.

물이나 불은 적군을 공격하는 데 있어 유효한 보조 수단이다. 그러나 그 작용에는 큰 차이가 있다. 수공법을 이용하면 화공법처럼 적군의 인명과 재물을 빼앗지는 못하지만 적군의 통로나 보급로 등을 끊어놓을 수는 있다.

옛날 중국 초나라의 장수 한신이 제나라를 정벌할 때 용저라는 장수와 유수라는 강을 사이에 두고 대진했다. 밤새 모래 포대 1만 개로 강물의 상류를 막아놓고 물이 빠진 강을 건너 공격하다가 일부러 퇴로하는 척하며 강을 되건너 본진으로 돌아오고 있었다. 이를 따랐던 용저의 군대는 모래 포대를 무너뜨리자 일시에 불어난 강물에 휩쓸리고 말았다.

그린 주변의 플레이를 생각해보자. 특히 아마추어 골퍼는 온그린에 성공

아마추어 골퍼는 온 그린에 성공하지 못해
그린 주변에서 어려움을 겪는 경우가 허다하다.
웨지로 하는 로브 샷이나 칩 샷이 주로 이용되는 상황이다.
로브웨지로 볼이 높이 떠올랐다 곧바로 멈추게 하거나
피칭웨지로 적당히 떠간 뒤 부드럽게 구르도록 하는 것이다.

하지 못해 그린 주변에서 어려움을 겪는 경우가
허다하다.

웨지로 하는 로브 샷이나 칩 샷이 주로 이용
되는 상황이다. 로브웨지로 볼이 높이 떠올랐다
곧바로 멈추게 하거나 피칭웨지로 적당히 떠간
뒤 부드럽게 구르도록 하는 것이다.

하지만 충분히 연습이 돼 있지 않다면 정확히 볼을 때리지 못하거나 거리
와 방향을 맞추기가 쉽지 않다. 이럴 때 아주 유용한 방법이 일명 '텍사스 웨
지'로 불리는 퍼터 어프로치다.

그린 주변 15m 이내에서 효과를 볼 수 있으며 그린 입구까지 보내는 힘의
2배 정도로 쳐서 보내면 멋지게 홀 가까이 붙일 수 있다. 웨지 샷이 화공법
이라면 퍼터 어프로치는 수공법에 가깝다고 할 수 있다. 화공이 어려울 때
임기응변으로 수공법을 활용하는 것도 효과적인 방법이다.

홀마다 전체 흐름
생각하며 공략을

故善用兵者 屈人之兵而非戰也 拔人之城而非攻也
毁人之國而非久也 必以全爭於天下
고선용병자 굴인지병이비전야 발인지성이비공야
훼인지국이비구야 필이전쟁어천하

'전쟁을 잘하는 사람은 상대방의 전력을 무너지게 만들어도 전투를 통해 굴복시키지 아니하며 적의 성을 빼앗아도 전면 공격을 통해 성을 함락시키는 것이 아니다. 그리고 남의 나라를 훼손시키는 것도 오랜 지구전을 써서 하는 것이 아니다. 반드시 희생을 내지 않는 원칙 아래 온전한 방법으로 천하를 놓고 다투는 것이다.'

모략으로 공격하는 방법에 관해 서술한 손자병법 「모공(謀攻)」편에 보이는 구절이다.

18홀의 라운드 중에는 반드시 기·승·전·결의 흐름이 있고 클라이맥스도 있으며 순간순간 짜릿한 흥분도 느끼게 된다. 때문에 일희일비하지 않으면서 전체의 줄거리를 해치지 않을 때 좋은 스코어라는 감동을 맛볼 수 있다. 많은 골퍼들이 순간의 우연과 행운이라는 불확실성에 의존해 전체 라운드를 그르치는 실수를 저지르고 있다. 미스 샷이라고 생각했는데 볼이 페어웨이 한가운데 보기 좋게 앉아 있는 경우가 있다. 이럴 때면 대부분 남은 거리나 코스 세팅에 대한 파악보다는 '다음 샷도 어떻게든지 잘 날아가 주겠지' 하는 식의 막연한 생각을 가지게 된다.

18홀의 라운드 중에는 반드시 기·승·전·결의 흐름이 있고 클라이맥스도 있으며 순간순간 짜릿한 흥분도 느끼게 된다. 때문에 일희일비하지 않으면서 전체의 줄거리를 해치지 않을 때 좋은 스코어라는 감동을 맛볼 수 있다.

그러나 골프 코스는 결코 생각 없이 만들어진 것이 아니다. 정말 긴 홀이라면 거리만으로도 당당히 골퍼와 대결을 벌이겠지만 짧은 파5홀에서는 어떤 방법으로든 쉽게 2온이 되지 않도록 하는 장치가 숨겨져 있다. 거리가 만만해 보이는 곳에는 언제든지 그린까지의 경로에 해저드나 벙커·경사지·나무 등 여러 가지 위험과 함정이 도사리고 있게 마련이다.

티 샷은 무조건 드라이버로, 파5홀 세컨드 샷은 어떤 경우에도 3번 우드로 하는 공략은 바람직하지 않다. 요행으로 온그린에 성공할 수 있을지 모르나 요행만을 기대하다보면 라운드 전체 흐름과 스코어는 쉽게 망가진다. 자기편 군사의 손해와 손상 없이 전쟁에서 이기는 것이 진정한 승리인 것이다.

다음 샷 내다보며 위기 극복을

計利以聽
乃爲之勢 以佐其外
계리이청
내위지세 이좌기외

「계(計)」편에 나오는 대목이다. '이익이 될 것이라는 막연한 기대를 가지고 한번 써보는 것이 아니라 반드시 이익이 된다는 것을 확신하고 행하면 그것이 목적과 원칙이 되어 모든 면에서 박차를 가하게 되고 임기응변하는 묘미까지 발휘하게 된다' 는 뜻이다.

용병술이니, 전략이니 하는 것에는 고정된 방법이 있을 수 없다. 원칙이 있다고 공식대로만 움직일 수는 없는 것이다. 때로는 정면 공격을 하고 때로는 측면 기습 공격도 해야 한다. 따라서 이익이 될 만한 계책을 받아들였다고 다 되는 것이 아니라 잘 운영해야만 하는 것이다.

골프 황제라고 불리는 타이거 우즈의 드라이버 샷 평균 거리는 315야드로 2위에 랭크돼 있다. 그러나 페어웨이 적중률은 56.5%로 108위에 랭크돼 있다. 하지만 버디와 이글을 많이 만들어 내기 위해 필수적인 파온율, 즉 그린 적중률은 70.7%로 5위다. 다시 말해 티 샷이 페어웨이를 벗어나더라도 파4의 경우 세컨드 샷으로 볼을 그린에 올리는 능력이 다른 선수들 보다 탁월하다는 뜻이다. 그래서 만들어내는 평균 타수는 68.59타로 세계 1위다. 드라이버 거리 때문에 트러블에 빠지더라도 공격과 수비를 잘 선택해서 스코어를

꼭 다음 샷을 쳐내기 좋은 곳으로 보내지 못하더라도
두 수, 세 수를 내다보고 플레이할 수 있는 실력을 기르는 것이 중요하다.
그러면 골프는 쉬워진다. 전화위복을 만들어내는 지혜를 짜내야 한다.

만들어낸다는 해석을 할 수 있다.

파4인 홀에서 드라이버 티 샷이 러프나 그린을 직접 공략하기 어려운 곳에 들어가면 미련 없이 페어웨이로 레이업 한다는 생각을 갖는 것이 필요하다. 또 우즈는 서드 샷으로 핀에 바짝 볼을 붙이는 뛰어난 쇼트 게임 능력, 또 파 세이브를 해내는 탁월한 퍼팅 실력을 가지고 있기 때문에 웬만해서는 보기를 하지 않는다.

그러므로 꼭 다음 샷을 쳐내기 좋은 곳으로 보내지 못하더라도 두 수, 세 수를 내다보고 플레이할 수 있는 실력을 기르는 것이 중요하다. 그러면 골프는 쉬워진다. 전화위복을 만들어내는 지혜를 짜내야 한다.

비거리만이 능사가 아니다

兵者詭道也
故能而示之不能
병자궤도야
고능이시지불능

'전쟁이란 속이는 것이다. 고로 나의 능력이 없는 것처럼 보이게 해야 한다.'

손자는 손자병법 「시계(始計)」편에서 모든 능력을 과시해서는 안 된다고 일렀다. 이는 자기 자신의 능력을 과시하는 것처럼 어리석은 일은 없다는 의미다. '대현(大賢)은 여우(如愚)'라는 말이 있다. 가장 현명한 사람은 어리석은 척한다는 뜻이 아니라 태연자약한 태도가 마치 어리석은 사람과 같다는 말이다.

소문난 잔치에 먹을 것 없다는 우리 속담도 있다. 말부터 요란스럽게 하는 사람 치고 잘난 사람 없는 법이다. 폭탄도 터지기 전까지가 공포의 대상이지 터지고 나면 쓸모없는 쇳조각만 남을 뿐이다. 숨어 있는 능력이 무서운 것이지 겉으로 보이는 것은 그 이상의 가치를 지니지 못한다.

드라이버 샷은 골프의 꽃이라고들 한다. 그래서 누구나 멋지게 보다 멀리 보내기 위해 백방으로 노력한다. 소리도 좋게 한 방 날리면 동반자들의 '굿 샷, 뷰티풀 샷, 빨랫줄' 등등의 찬사가 쏟아진다. 그러면 그 다음 플레이어는 분명 그보다 더 멀리 보내려고 온 힘을 다해 휘두르게 된다.

가장 현명한 사람은 어리석은 척한다는 뜻이 아니라
태연자약한 태도가 마치 어리석은 사람과 같다는 말이다.
평소보다 느린 스피드로 연습 스윙을 하며 마음을 안정시키는 일이
'멋진 티 샷'의 열쇠다.

대개의 경우 자신의 최대 힘으로 치면 리듬과
균형이 흐트러진다. 결과적으로 임팩트 순간 헤
드페이스가 크게 열리거나 닫히게 된다. 그렇지
않으면 스윙궤도가 가파라지면서 하늘 높이 솟구
치기만 하는 미스 샷이 나기도 한다. 힘껏 휘두름으
로써 자신의 파워를 과시할 수는 있을지 몰라도 많은 것
을 잃어버릴 수 있다는 사실을 기억하는 것이 좋겠다. 평소의 스윙 리듬을
유지하면서 볼을 페어웨이에 보내는 것이 장타보다 훨씬 더 중요하다. 멀리
만 보내려다 2, 3타를 순식간에 잃어버리기 십상이다.

평소보다 느린 스피드로 연습 스윙을 하며 마음을 안정시키는 일이 '멋진
티 샷'의 열쇠다.

기량에 맞춰 공략 루트 선택을

99

以近待遠 以佚待勞
以飽待饑 此治力者也
이근대원 이일대로
이포대기 차치력자야

'전장에서 가까운 곳에 주둔해 있다가 먼 곳에서 오는 군대를 대적하고 편안하게 쉬고 있던 군대로써 피로한 적병을 대적한다. 포식한 병사로써 굶주린 적을 상대한다. 이것이 전투력을 다스리는 것이다.'

다스려야 할 것에는 마음과 힘이 있다. 손자병법 「군쟁(軍爭)」편에 보이는 이 대목은 힘을 다스리는 방법을 말하고 있다. 아군의 전력이 우세한 상황에서 피로하고 허기지고 지친 적을 쉽게 물리칠 수 있음을 강조한다.

골프 코스에는 자신의 실력에 맞는 공략 루트가 있다. 각 홀에는 대부분 3가지의 공략 경로가 있게 마련이다.

우선 초급 루트는 파4홀에서 3온을 하는 길이다. 이는 기량이나 파워가 부족해 두 번에 그린에 올리기 힘들므로 안전책으로 선택하는 것이다. 아무리 거리가 나지 않는 골퍼라도 3번이면 그린까지 다다를 수 있다.

두 번째, 중급 루트의 경우 티 샷이 최소 200야드 안팎까지는 나가야 기대할 수 있다. 버디를 노리기는 힘겨워 다소 우회를 해야 한다. 그리고 그린까지 이르는 길에 반드시 물이나 벙커 등 장애물을 넘기는 샷을 해야 한다. 이때 절실히 필요한 것이 바로 '레이업' 전략이다. 우드나 롱 아이언으로 장애

다스려야 할 것에는 마음과 힘이 있다. 손자병법 「군쟁(軍爭)」편에 보이는
이 대목은 힘을 다스리는 방법을 말하고 있다. 아군의 전력이 우세한 상황에서
피로하고 허기지고 지친 적을 쉽게 물리칠 수 있음을 강조한다.
골프 코스에는 자신의 실력에 맞는 공략 루트가 있다.
아군(골퍼)의 전략이 적(코스)보다 우세한 경로를 선택하는 것이 중요하다.

물을 직접 넘기는 무리한 샷보다는 자신 있게 붙일 수 있는 어프로치 샷 거
리를 남겨 놓는 것이다.

마지막 상급 루트는 목표까지 최단 거리로 움직여 버디 기회를 만들어가
는 것이다. 공격적인 방법으로 '타이거 우즈 루트'라고 불러도 좋을 듯하다.
장타와 정확한 방향성이 기본적으로 요구된다. 장애물을 넘겨야 하고 핀이

위험한 위치에 있더라도 직접 노리게 된다. 물
론 버디가 아니면 파를 기록할 수 있는 확률이
높지만 당연히 위험은 감수해야 하는 방법이다.
아군(골퍼)의 전략이 적(코스)보다 우세한 경
로를 선택하는 것이 중요하다.

손자병법에서 배우는
100세까지 즐기는
골프의 기본

2022년 11월 10일 제1판 1쇄 발행

지은이 / 유응열
펴낸이 / 강선희
펴낸곳 / 가림출판사

등록 / 1992. 10. 6. 제 4-191호
주소 / 서울시 광진구 영화사로 83-1 영진빌딩 5층
대표전화 / 02)458-6451 팩스 / 02)458-6450
홈페이지 / www.galim.co.kr
이메일 / galim@galim.co.kr

값 18,000원

ⓒ 유응열, 2022

ISBN 978-89-7895-436-5 03690

이 도서는 《골프손자병법》을 제호 변경한 도서입니다.